largas y finas tienen rosadas las mejillas, pero su ondulan-
te actitud, sus huesos invisibles, producen una inquietante
y enfermiza impresión.

Pinta, sin embargo, mujeres sanas: tal la robusta mucha-
chita española, que es una de sus obras más bellas. Ese
retrato nos sorprende como una excepción en su obra. Por
lo demás, esa pequeña es aún infantil, y es frecuente ver
junto a sus frágiles mujeres niños mofletudos.

El tipo de mujer que ha hecho suyo, la Eva de este uni-
verso suyo, es inquietante y atrayente como agua mansa.
¿Suaves o crueles? ¿Puras o perversas? Marie Laurencin
ama el equívoco: las dos admirables y sensuales figuras
que ella titula *Ángeles* (ese título es, también, una de las
humoradas irónicas de Marie Laurencin), son una de las
imágenes más turbadoras. El beso que buscan esas mujeres inclinadas es uno de los más osados que se hayan pin-
tado.

La variedad de expresión de esos rostros que parecen, a
primera vista, tener todos los mismos ojos, casi los mismos rasgos, es extraordinaria. No recurre, sin embargo, a
ninguno de los medios que se usan para caracterizar
inmediatamente a una mujer: actitudes variadas y perso-
nales, infinita gradación de sonrisas y miradas. Y, sin
embargo, simplificados según su manera predilecta, estili-
zados, todos los matices del alma femenina están expresa-

dos en su obra, los más intensos como los más sutiles. Pocos pintores han sabido interpretar mejor lo que en francés se llama los *péchés mignons*, es decir, la forma suavizada y mundana de los pecados capitales: la frivolidad, la indolencia, la vanidad pueril e inofensiva, la coquetería, en una atmósfera de sensualidad espiritualizada. Pero allí se hallan también emociones agudas: contemplad la mujer que sostiene por el final de su cola una pequeña víbora, menos venenosa que su mirada. Esas mujeres de los ojos de felpa saben ser crueles, lujuriosas, y los celos anidan en el hueco de sus brazos; sus perritos falderos, de jeta leonina, expresan a menudo el sombrío ardor que sus amas, discretas, disimulan.

Segundo Imperio

"Unos vestidos muy lindos, muy sencillos y muy nuevos, de fondo blanco, sembrados de florecillas azules, rosa, lila o cáscara, adornados de ambos lados, por anchas quillas formadas por una guirnalda de flores, o por sencillos bieses del color de las pintas, dispuestas a lo largo o atravesadas. La blusa recuerda la falda. Creo que esos vestidos, por su extremada sencillez y su frescura, están llamados a tener gran éxito, teniendo además en cuenta que sólo cuestan diez y ocho francos."

EL LIBRO BUDISTA DE LOS BRAHMAS Y LOS BRAHMANES

EC

EDITORIAL CÁNTICO
COLECCIÓN · LUZ DE ORIENTE

Colección dirigida por Raúl Alonso

cantico.es · @canticoed

Suscríbete a nuestro blog en

 @canticoed

© de la traducción:
Raúl Alonso y Manuel José Díaz Márques, 2025
© de la introducción y notas: Raúl Alonso, 2025
© Editorial Almuzara S. L., 2025
Editorial Cántico
Parque Logístico de Córdoba
Carretera de Palma del Río, km. 4
14005 Córdoba
Imagen de cubierta: *Acuarela anónima hindú que representa
al dios Brahma con sus cuatro cabezas*

ISBN: 978-84-10288-47-8
Depósito legal: CO 10-2025

Impresión y encuadernación:
Imprenta Luque S.L.

BRAHMA SAṂYUTTA Y
BRĀHMAṆA SAṂYUTTA

EL LIBRO BUDISTA DE
DE LOS BRAHMAS
Y LOS BRAHMANES

EDICIÓN, TRADUCCIÓN Y NOTAS DE
MANUEL JOSÉ DÍAZ Y RAÚL ALONSO

EDITORIAL CÁNTICO

COLECCIÓN ◯ LUZ DE ORIENTE

SOBRE LOS TRADUCTORES

MANUEL JOSÉ DÍAZ recibió enseñanzas e iniciaciones Vajrayana de importantes Lamas de las diferentes tradiciones de budismo tibetano como S.S. el XIV Dailai Lama, S.S. 41° Sakya Trichen, S.S. Trulshik Rimpoche, S.S. 12° Chamgon Kenting Tai Situpa, S.E. Namkha Drimed Rimpoche, Jigme Gyetrul Rimpoche, S.E. Sakya Jetsun Chimey Luding Rimpoche entre otros. En 2005 conoció a su principal maestro Chögyal Namkhai Norbu Rimpoche de quien recibío enseñanzas y transmisiónes Dzogchen hasta su parinirvana en 2018. Junto a su profunda formación budista, se ha formado en Rebirthing (Renacimiento) desde 1992 y ha sido organizador de la 1ª Formación en Respiración Holotrópica (GTT) con el Dr. Stanislav Grof. También ha desarrollado estudios de antropología relacionados con el chamanismo. Se formó en Chamanismo Transcultural con la "Fundación de Estudios Chamánicos" del Dr. Michael Harner. Organizó dos Giras Mundiales en Sevilla con Monjes Tibetanos: "Por un Milenio de Paz" en el 2000 y "Por la Paz Interior" en 2003. Imparte talleres y atiende consultas privadas.

RAÚL ALONSO es licenciado en Filosofía por la UNED, especializándose en Filosofía de las Religiones, budismo y gnosticismo antiguo. Es director de Editorial Cántico y forma parte del equipo editorial de la revista Vínculos de Historia, de la Universidad

Castilla-La Mancha. Es autor de la edición crítica y la traducción de diversos títulos de la tradición cristiana antigua y moderna de autores como Ramon Llull, San Juan de la Cruz, Santa Teresa de Jesús y textos gnósticos de la Biblioteca de Nag Hammadi como el *Evangelio de Felipe*, el *Evangelio de la Verdad*, el *Libro de Tomás el atleta* y *Las enseñanzas de Silvano*. También es autor de la traducción y edición crítica de diversos textos budistas del Canon Pali. Como poeta ha publicado los libros *La plaga* (2000), *Libro de las catástrofes* (2002), *El amor de Bodhisattwa* (2004), *Temporal de lo eterno* (2014) y *Lo que nunca te dije* (2018). Su poesía reunida ha sido publicada bajo el título *Juventud* (2022) y en este ámbito ha sido distinguido con diversos reconocimientos como el Accésit del Premio Nacional de Poesía Rosalía de Castro, el I Premio de Poesía Joven Radio 3 y el Premio Ciudad de Córdoba Ricardo Molina.

INTRODUCCIÓN
EL EGO RELIGIOSO EN EL BUDISMO PRIMITIVO
POR RAÚL ALONSO

La presente traducción anotada del *Brahma Saṃyutta* y el *Brāhmaṇa Saṃyutta* ofrece al lector hispanohablante acceso directo a dos colecciones fundamentales del Canon Pali que iluminan la compleja relación entre el budismo temprano y la tradición brahmánica. Ubicados en el *Sagāthā-vagga* del *Saṃyutta Nikāya*, estos textos no solo documentan encuentros históricos cruciales entre el Buda y las figuras religiosas de su tiempo, sino que también revelan las sofisticadas estrategias mediante las cuales el budismo emergente estableció su distintiva visión del mundo en el paisaje religioso de la India antigua.

LA TRANSFORMACIÓN DEL CONTEXTO RELIGIOSO

El período histórico en el que se sitúan estos textos, aproximadamente en el siglo V a.c., fue testigo de profundas transformaciones sociales y religiosas en el norte de la India. Este período representó un momento de profunda crisis en el sistema brahmánico tradicional, caracterizado por la aparición de movimientos ascéticos que cuestionaban los fundamentos de la autoridad védica. El *Brahma Saṃyutta* y el *Brāhmaṇa Saṃyutta* reflejan esta tensión histórica a través de sus narrativas de encuentros y debates.

El *Brahma Saṃyutta*, que comprende quince suttas, comienza significativamente con el célebre episodio del "llamamiento de Brahma" (*Brahmāyācana*), donde Brahma Sahampati ruega al Buda recién iluminado que enseñe el Dhamma. Este episodio establece un patrón característico en el que las deidades brahmánicas, tradicionalmente veneradas como supremas, reconocen la superior autoridad espiritual del Buda. El texto preserva el momento crucial en versos memorables:

Entre los Magadhans apareció en el pasado
una enseñanza impura ideada por los que aún
estaban manchados.
¡Abrid de par en par la puerta a los inmortales!
Que escuchen la enseñanza que el Inmaculado descubrió.

Este reconocimiento divino de la autoridad del Buda no es meramente anecdótico. Representa una estrategia sofisticada mediante la cual el budismo temprano integró las deidades tradicionales en su propia cosmovisión, subordinándolas al Dhamma sin negar su existencia.

ESTRUCTURA Y SIGNIFICACIÓN DOCTRINAL

La organización de estos textos revela una cuidadosa estrategia pedagógica. El *Brahma Saṃyutta* progresa desde encuentros fundamentales que establecen la autoridad del Buda hasta debates doctrinales más sutiles sobre la naturaleza de la existencia y la liberación. Un ejemplo particularmente ilustrativo se encuentra en el diálogo con Baka Brahma, donde el Buda refuta la creencia en la eternidad del reino de Brahma:

¡Ay, Baka el Brahmā está perdido en la ignorancia!
Porque lo que en realidad es impermanente,
no duradero, transitorio, incompleto y perecedero,

él dice que es permanente, sempiterno,
eterno, completo e imperecedero.

El *Brāhmaṇa Saṃyutta*, por su parte, documenta veintidós encuentros con brahmanes que representan diferentes aspectos de la ortodoxia védica. Estos encuentros frecuentemente culminan en la conversión del brahmán, siguiendo un patrón que Schmithausen ha identificado como característico de la literatura budista temprana: el paso de la confrontación al diálogo y finalmente a la transformación.

ESTRATEGIAS RETÓRICAS Y DOCTRINALES

Los textos emplean una variedad de estrategias retóricas para establecer la superioridad del Dhamma. Particularmente notable es la reinterpretación de conceptos brahmánicos clave. Por ejemplo, en el diálogo con Bhāradvāja el Agricultor, el Buda redefine la agricultura en términos espirituales:

La fe es mi semilla, la austeridad mi lluvia,
y la sabiduría es mi yugo y mi arado.
La conciencia es mi pértiga, la mente mi correa,
la atención mi reja de arar y mi aguijón.

Esta transformación de metáforas agrícolas en espirituales ejemplifica lo que algunos investigadores han denominado la "resignificación budista de los símbolos védicos", un proceso característico del budismo temprano.

LA CUESTIÓN DE LA AUTORIDAD ESPIRITUAL

Un tema recurrente en ambos textos es el establecimiento de la autoridad espiritual del Buda. Como señala Román (2002), el budismo temprano tuvo que legitimar su nueva propuesta espiritual en un contexto donde la autoridad religiosa era monopolio exclusivo de los brahmanes. Los textos abordan esta cuestión de múltiples maneras, desde demostraciones de poder psíquico hasta refutaciones lógicas de posiciones brahmánicas.

Particularmente significativo es el tratamiento de la purificación ritual. En el encuentro con Saṅgārava, quien practica la purificación por el agua, el Buda redefine la verdadera purificación en términos éticos y psicológicos:

> *La enseñanza es un lago con orillas de ética, brahmán,*
> *sin nubes, alabado por lo fino a lo bueno.*
> *Allí van a bañarse los maestros del conocimiento,*
> *y cruzan a la orilla lejana sin mojarse.*

El concepto de Brahma en el budismo primitivo

El budismo theravada primitivo, según se evidencia en el Canon Pali, desarrolló una sofisticada reinterpretación del concepto de brahma que se distancia significativamente de la tradición védica. Esta reinterpretación, que mantiene la existencia de los seres celestiales pero los subordina a la ley universal del Dhamma, representa uno de los más refinados ejemplos de la capacidad del budismo para transformar conceptos religiosos preexistentes.

A diferencia de la tradición védica, donde Brahma representa la deidad suprema creadora, el budismo conceptualiza a los brahmas como seres poderosos pero fundamentalmente limitados, todavía sujetos al ciclo de nacimiento y muerte (*saṃsāra*). Estos seres celestiales habitan en los denominados reinos de Brahma (*brahmaloka*), una compleja jerarquía de planos de existencia que corresponden a diferentes niveles de refinamiento meditativo. La cosmología budista distingue veinte reinos de Brahma:

dieciséis ubicados en el plano de la forma (*rūpaloka*) y cuatro en el plano sin forma (*arūpaloka*).

Entre estos seres celestiales, Brahma Sahampati emerge como una figura de particular importancia en la literatura canónica, no por una superioridad ontológica inherente, sino por su rol pivotal en el establecimiento del budismo. Como se evidencia en el primer sutta del *Brahma Saṃyutta*, es Sahampati quien persuade al Buda recién iluminado para que enseñe el Dhamma, estableciendo así un paradigma de subordinación voluntaria de las deidades a la autoridad espiritual del Buda.

La jerarquía de los brahmas refleja una sofisticada comprensión de los estados meditativos y sus resultados kármicos. En el plano de la forma, encontramos brahmas correspondientes a los cuatro jhānas o absorciones meditativas[1]. Los brahmas del primer jhāna incluyen tres niveles (Brahma-pārisajja, Brahma-purohita y Mahā-brahmas), mientras que los niveles superiores comprenden seres de luminosidad progresivamente mayor, cada uno correspondiente a estados más refinados de absorción meditativa.

El plano sin forma alberga brahmas en estados de existencia aún más sutiles, correspondientes a los logros meditativos más elevados: la base del espacio infinito, la base de la consciencia infinita, la base de la nada y la base de ni-percepción-ni-no-percepción.

La significación teológica de este sistema es múltiple. Primero, establece una clara subordinación de las deidades védicas al Dhamma budista, ilustrando que incluso los seres más exaltados necesitan la guía del Buda para alcanzar la liberación final. Segundo, demuestra la universalidad del principio de impermanencia: como se evidencia en el cuarto sutta del *Brahma Saṃyutta*, donde el Buda corrige la errónea creencia de Baka Brahma en la eternidad de su estado.

---

1 Para entender con claridad y profundidad los estados de conciencia conocidos como jhānas recomendamos la lectura del libro *La consciencia Jhāna: la meditación en la era de la neurociencia*, de Paul Dennison (Cántico, 2024).

Los brahmas funcionan además como ejemplos paradigmáticos de los límites del poder divino y las trampas del orgullo espiritual. Sus interacciones con el Buda, documentadas en estos textos, ilustran cómo incluso los seres más elevados pueden caer en el error de confundir estados sublimes pero temporales con la liberación definitiva.

Desde una perspectiva práctica, los reinos de los brahmas representan los frutos kármicos de la meditación profunda, pero simultáneamente señalan sus limitaciones. El budismo primitivo, mientras reconoce el renacimiento como brahma como un logro significativo, enfatiza que no constituye la meta última del camino espiritual, que sigue siendo la liberación completa del ciclo de renacimientos mediante la realización del Nibbāna.

El papel de las deidades y la cosmología

El tratamiento de las deidades brahmánicas en estos textos refleja la reinterpretación budista del panteón hindú. Las deidades, aunque reconocidas como existentes, son presentadas como seres que, aunque poderosos, permanecen atrapados en el saṃsāra y necesitan la guía del Buda para la liberación final.

Esta subordinación de las deidades se ejemplifica en el episodio donde varios discípulos del Buda, incluido Mahāmoggallāna, demuestran su superioridad sobre un Brahma arrogante mediante la manifestación de poderes psíquicos. Como señala Solé-Leris (1999), tales narrativas sirven para establecer la supremacía del desarrollo espiritual sobre los poderes sobrenaturales innatos.

Los brahmas y los brahmanes

La comprensión del budismo primitivo requiere una clara distinción entre dos conceptos fundamentales que, aunque etimológicamente relacionados, designan realidades diferentes en el contexto religioso de la India antigua: brahma y brahmán. El término "brahma" (en pali) o "brahmā" (en sánscrito) designa a las deidades celestiales que habitan los planos superiores de existencia según la cosmología budista. Estos seres divinos, aunque dotados de poder y longevidad extraordinarios, permanecen sujetos al ciclo de renacimientos y a la ley de la impermanencia. La tradición védica pre-budista consideraba a Brahmā como el dios creador supremo, pero el budismo reinterpretó esta figura como una clase de seres celestiales poderosos pero fundamentalmente limitados.

Por otro lado, "brahmán" (*brāhmaṇa* en pali y sánscrito) se refiere a los miembros de la casta sacerdotal, la más elevada en la jerarquía social hindú tradicional. Los brahmanes, como guardianes exclusivos del conocimiento védico y únicos autorizados para realizar rituales sagrados, gozaban de privilegios sociales y religiosos extraordinarios, fundamentados en la creencia de que su pureza ritual era inherente a su nacimiento.

La crítica budista a ambos conceptos demuestra una sofisticada comprensión de la psicología religiosa. Los suttas recogidos en estas dos colecciones revelan una comprensión profunda de los mecanismos psicológicos del orgullo y el apego a las tradiciones que caracterizaban a la clase sacerdotal. Este análisis se manifiesta especialmente en la descripción de las resistencias y posteriores transformaciones de diversos brahmanes.

El caso del brahmán Bharadvāja el Rudo resulta paradigmático. Su transformación desde la hostilidad inicial hasta la comprensión final ilustra las etapas psicológicas características de la conversión religiosa en el budismo antiguo. El texto muestra cómo el Buda, mediante una combinación de paciencia y hábil pedagogía, logra transformar la agresividad inicial del brahmán en receptividad al Dhamma.

Ser un brahmán en la India clásica

El papel de los brahmanes en la India antigua trascendía con mucho la mera función sacerdotal. Los brahmanes constituían no solo una casta sacerdotal, sino una élite intelectual que controlaba la producción y transmisión del conocimiento sagrado. Este monopolio del conocimiento védico les otorgaba una posición social sin parangón, que se manifestaba tanto en el ámbito ritual como en el de la interpretación de la realidad última.

La noción misma de "brahmán" en el período pre-budista estaba indisolublemente ligada al concepto de brahman como realidad última. Fatone (1972) explica cómo la identificación entre el conocedor del brahman y el brahman mismo constituía el núcleo de la doctrina upanishádica de la liberación. Esta doble dimensión del término –social y metafísica– es crucial para comprender la radical reinterpretación que el budismo realizará del concepto.

El brahmán, como guardián y transmisor del conocimiento védico, ocupaba una posición privilegiada en la estructura social india. Los textos védicos y brahmánicos establecían una correlación directa entre el orden cósmico (*ṛta*) y el orden social (*dharma*), donde el brahmán funcionaba como nexo indispensable. Esta autoridad se manifestaba en diversos niveles: en el plano ritual, el brahmán era el único capacitado para realizar los sacrificios védicos correctamente, lo que le convertía en intermediario necesario entre los dioses y los hombres. En el plano social, su bendición o maldición se consideraba eficaz por sí misma, lo que le dotaba de un poder que trascendía el meramente religioso. En el plano filosófico, se le consideraba el intérprete autorizado de los textos sagrados y el único capaz de guiar a otros hacia la liberación.

La crítica budista a esta posición privilegiada fue tanto más eficaz cuanto que no se limitó a un mero rechazo, sino que procedió a una reinterpretación completa del concepto. Como explica Panikkar (2000), el Buda no niega la posibilidad de ser un verdadero brahmán, pero redefine radicalmente lo que esto significa. Esta redefinición se articula en varios niveles: primero, desvincula la condición de brahmán del nacimiento, ligándola exclusivamente a la conducta ética y el desarrollo espiritual; segundo, cuestiona el valor soteriológico de los rituales védicos; y tercero, propone una nueva vía de liberación accesible a todos independientemente de su casta.

Estos suttas presentan numerosos ejemplos de esta reinterpretación. Particularmente significativo es el caso del brahmán Sonadanda, quien termina reconociendo que las verdaderas cualidades de un brahmán son éticas y espirituales, no hereditarias. Esta reinterpretación budista del concepto de brahmán tuvo profundas implicaciones sociales y filosóficas. Al desvincular la autoridad espiritual del nacimiento y los rituales, el budismo estableció las bases para una comprensión más universal del camino hacia la liberación. Como observa Dragonetti (2002), la crítica budista al brahmanismo tradicional representa uno de los primeros cuestionamientos sistemáticos de una jerarquía social basada en el nacimiento.

Filosofía de la mente y análisis psicológico

La contribución de estos textos a la filosofía budista de la mente merece especial atención por su sofisticada comprensión de los procesos psicológicos. Como observa Vélez de Cea (2009), el tratamiento de los estados mentales de los brahmanes revela una penetrante comprensión de la psicología humana y los obstáculos inherentes al despertar espiritual. Esta dimensión se manifiesta con particular claridad en los diversos encuentros donde el Buda demuestra un profundo entendimiento de los mecanismos mentales que sostienen las convicciones religiosas arraigadas.

Particularmente significativo resulta el análisis de "la estructura del ego religioso", un fenómeno que los suttas exploran con notable precisión. A través de los diálogos, se revela cómo el apego a las visiones religiosas y la identificación con el rol sacerdotal pueden convertirse en obstáculos formidables para el desarrollo espiritual. El texto muestra al Buda empleando una metodología psicológica refinada que comienza con el reconocimiento de los estados mentales subyacentes, progresa hacia la exposición de contradicciones en las creencias sostenidas, y culmina en la presentación de alternativas basadas en la experiencia directa.

La descripción de los procesos de transformación mental en estos suttas revela una comprensión extraordinariamente profunda de los mecanismos psicológicos de resistencia al cambio. El texto detalla con precisión cómo la arrogancia espiritual, la dependencia de rituales y los mecanismos de autoridad religiosa operan como barreras psicológicas para el desarrollo espiritual. La metodología del Buda, según se presenta en estos textos, no se limita a la mera refutación intelectual de posiciones erróneas, sino que aborda directamente las estructuras psicológicas que sostienen tales posiciones.

Estos suttas presentan una cartografía detallada de la transformación psicológica, desde el aferramiento inicial a las creencias establecidas hasta la apertura gradual a nuevas perspectivas. Este proceso se ilustra vívidamente en encuentros como el de Brahma Sahampati, donde la transformación no es simplemente un cambio de opinión, sino una profunda reestructuración de la comprensión de la realidad y del propio ser. El texto muestra cómo el Buda guía este proceso de transformación a través de un cuidadoso balance entre desafío y apoyo, confrontación y empatía.

La dimensión psicológica de los textos anticipa de manera sorprendente desarrollos modernos en la comprensión de los procesos de cambio cognitivo y transformación personal. La atención detallada a los mecanismos de resistencia psicológica, los patrones de identificación con roles sociales y religiosos, y los procesos de transformación interior revelan una comprensión de la mente humana que mantiene su relevancia en el contexto contemporáneo.

Conclusión

El *Brahma Saṃyutta* y el *Brāhmaṇa Saṃyutta* representan documentos cruciales para comprender cómo el budismo temprano estableció su distintiva visión del mundo en diálogo crítico con la tradición brahmánica. A través de una combinación de narrativa hábil, debate filosófico y reinterpretación simbólica, estos textos articulan una visión de la liberación que, aunque formulada en diálogo con conceptos brahmánicos, trasciende fundamentalmente las limitaciones de la religión védica.

Referencias bibliográficas en español

Arnau, Juan (2007). *Antropología del Budismo*. Barcelona: Kairós.

Arnau, Juan (2013). *Cosmologías de India*. Madrid: Fondo de Cultura Económica.

Dragonetti, Carmen (1995). *Dhammapada: La esencia de la Sabiduría Budista*. Buenos Aires: Editorial Sudamericana.

Fatone, Vicente (1972). *El budismo "nihilista"*. Buenos Aires: Editorial Sudamericana.

Panikkar, Raimon (1997). *La experiencia filosófica de la India*. Madrid: Trotta.

Román, María Teresa (1996). *Diccionario de las Religiones*. Madrid: Aldebarán.

Solé-Leris, Amadeo (1986). *La meditación budista según las más antiguas enseñanzas*. Barcelona: Martínez Roca.

Tola, Fernando y Dragonetti, Carmen (1999). *El Sutra del Loto de la Verdadera Doctrina*. México: El Colegio de México.

Vallverdú, Jaume (2008). *Antropología simbólica: Teoría y etnografía sobre religión, simbolismo y ritual*. Barcelona: Editorial UOC.

Vélez de Cea, Abraham (2000). *El Buddhismo*. Madrid: Ediciones del Orto.

BRAHMA SAMYUTTA

El *Brahma Saṃyutta* representa una colección fundamental dentro del Canon Pali que documenta las interacciones entre el Buda y diversas deidades brahmánicas. Esta colección de quince suttas, que forma parte del *Saṃyutta Nikāya*, ofrece una perspectiva única sobre cómo el budismo primitivo conceptualizó y reinterpretó la noción de las deidades supremas de la tradición védica.

La colección se estructura en dos capítulos o vaggas. El Pathama Vagga ("Primer Capítulo") contiene diez suttas que establecen los fundamentos de la relación entre el Buda y los seres celestiales, comenzando con el crucial episodio del "llamamiento de Brahma", donde Brahma Sahampati ruega al Buda recién iluminado que enseñe el Dhamma. El segundo capítulo comprende cinco suttas adicionales que profundizan en diversos aspectos de la cosmología y la soteriología budista.

Un aspecto particularmente significativo de estos textos es su tratamiento de los brahmas. Aunque estas deidades son presentadas con respeto y se reconoce su poder y gloria, el texto las sitúa claramente dentro del marco budista de la impermanencia y el renacimiento. Figuras como Brahma Sahampati, Baka Brahma y los brahmas independientes Subrahmā y Suddhāvāsa ilustran diferentes aspectos de la comprensión budista de los seres celestiales: desde aquellos que reconocen y apoyan la supremacía del Dhamma hasta aquellos que necesitan ser liberados de visiones erróneas sobre la eternidad de su estado.

La colección aborda temas cruciales como la naturaleza de la autoridad espiritual, la relación entre los poderes mundanos y la sabiduría liberadora, y la universalidad de la impermanencia. El texto emplea una variedad de recursos narrativos y pedagógicos, incluyendo diálogos dramáticos, demostraciones de poder psíquico y enseñanzas en verso, para transmitir estas profundas verdades doctrinales.

Esta traducción busca preservar tanto la profundidad filosófica como la vivacidad narrativa de los textos originales. Los suttas nos permiten vislumbrar cómo el budismo temprano estableció su distintiva visión del mundo en diálogo con las creencias religiosas predominantes de su tiempo, ofreciendo una perspectiva que, aunque respetuosa con la tradición, no dudaba en desafiar las concepciones establecidas sobre la divinidad y la liberación espiritual.

PRIMER CAPÍTULO

PATHAMA VAGGA

1

EL LLAMAMIENTO DE BRAHMĀ

Así lo he oído. En cierta ocasión, cuando despertó por primera vez, Buda moraba cerca de Uruvelā, en la raíz del baniano del cabrero, a orillas del río Nerañjarā. Entonces, mientras estaba en retiro privado, le vino a la mente este pensamiento:

«Este principio que he descubierto es profundo, difícil de ver, difícil de comprender, pacífico, sublime, más allá del alcance de la razón, sutil, comprensible para los sabios.
Pero a la gente le gusta el apego, le encanta y lo disfruta. Es difícil para ellos ver esto; es decir, la condicionalidad específica, el origen dependiente. También les resulta difícil ver esto, es decir, el aquietamiento de todas las actividades, el abandono de todos los apegos, el fin del ansia, el desvanecimiento, la cesación, la extinción. Y si yo enseñara este principio, los demás podrían no entenderme, lo cual sería fatigoso y problemático para mí».

Y entonces se le ocurrieron al Buda estos versos, que no habían sido inspirados sobrenaturalmente, ni aprendidos antes en el pasado:

«He luchado mucho para darme cuenta de esto, ¡basta ya de intentar explicarlo!

Este principio no lo entienden fácilmente quienes están sumidos en la codicia y el odio.

Los que están atrapados en la codicia no pueden ver lo que es sutil, que va contra la corriente, profundo, difícil de ver y muy fino, porque están envueltos en una masa de oscuridad».

Y mientras el Buda reflexionaba así, su mente se inclinaba a permanecer pasivo, a no enseñar el Dhamma.

Entonces Brahmā Sahampati, sabiendo lo que pensaba el Buda, pensó:

«¡Oh, Dios mío! ¡El mundo se perderá, el mundo perecerá! Porque la mente del Realizado, del perfeccionado, del Buda plenamente despierto, se inclina a permanecer pasiva, a no enseñar el Dhamma.»

Entonces, con la misma facilidad con que una persona fuerte extendería o contraería su brazo, Brahmā desapareció de su reino y reapareció frente al Buda. Se acomodó la túnica sobre un hombro, se arrodilló con la rodilla derecha en el suelo, levantó las palmas unidas hacia el Buda y dijo:

—*¡Señor, que el Bendito enseñe el Dhamma! ¡Que el Santo enseñe el Dhamma! Hay seres con poco polvo en los ojos. Están en decadencia porque no han escuchado la enseñanza. ¡Habrá quienes entiendan la enseñanza!*

Esto es lo que dijo Brahmā Sahampati. Luego continuó diciendo:

—*Entre los Magadhans*[2] *apareció en el pasado una enseñanza impura ideada por los que aún estaban manchados. ¡Abrid de par en par la puerta a los inmortales! Que escuchen la enseñanza: el acero que uno descubrió.*

De pie en lo alto de una montaña rocosa, puedes ver a la gente a tu alrededor. De la misma manera, todo-vidente, sabio, ¡asciende al palacio construido por el Dhamma!

Tú estás libre de penas; pero mira a esta gente abrumada por el dolor, oprimida por el renacimiento y la vejez.

¡Levántate, héroe! Vencedor en la batalla, líder de la caravana, vaga por el mundo sin obligación.

---

2 Los Magadhans eran los habitantes del reino de Magadha, uno de los estados más poderosos de la India antigua. Fue el escenario principal de la actividad del Buda, siendo la región donde alcanzó la iluminación. La frase probablemente se refiere a las doctrinas materialistas y ascéticas que prevalecían en Magadha antes y durante el tiempo del Buda. Específicamente, podemos identificar tres principales corrientes de pensamiento: en primer lugar, las doctrinas de los Ājīvikas, un movimiento ascético fundado por Makkhali Gosāla, que enseñaba un determinismo absoluto y negaba la eficacia de la acción moral. Esta doctrina era particularmente fuerte en Magadha y contaba con el patronazgo de importantes figuras. En segundo lugar, las enseñanzas de los Lokāyatas o Cārvākas, que propugnaban un materialismo filosófico y negaban la existencia de realidades trascendentes. Esta corriente de pensamiento era especialmente influyente entre las clases educadas de Magadha. En tercer lugar, las doctrinas de diversos maestros ascéticos como Purāṇa Kassapa, Pakudha Kaccāyana y Ajita Kesakambalī, quienes enseñaban diferentes formas de nihilismo moral y filosófico. Sus enseñanzas están documentadas en varios suttas del Canon Pali, particularmente en el Sāmaññaphala Sutta del Dīgha Nikāya. La caracterización de estas enseñanzas como "impuras" desde la perspectiva budista se debe a que todas ellas, de diferentes maneras, negaban principios fundamentales que el Buda consideraba esenciales: la ley del kamma, la eficacia de la acción moral y la posibilidad de la liberación mediante el desarrollo espiritual.

¡Deja que el Bendito enseñe el Dhamma! Habrá quien lo entienda.

Entonces el Buda, comprendiendo la invitación de Brahmā, inspeccionó el mundo con el ojo de un Buda, debido a su compasión por los seres sintientes. Y el Buda vio seres sensibles con poco polvo en los ojos, y algunos con mucho polvo en los ojos; con facultades agudas y con facultades débiles, con buenas cualidades y con malas cualidades, fáciles de enseñar y difíciles de enseñar. Y algunos de ellos vivieron viendo el peligro de los defectos que tiene que ver con el otro mundo, mientras que otros no. Era como un estanque con nenúfares azules, o lotos rosas o blancos. Algunos de ellos brotan y crecen en el agua sin elevarse por encima de ella, prosperando bajo el agua. Algunos brotan y crecen en el agua alcanzando la superficie del agua. Y otros brotan y crecen en el agua, pero se elevan por encima de ella y se mantienen en pie sin que el agua se adhiera a ellos. Del mismo modo, el Buda vio seres sensibles con poco polvo en los ojos, y algunos con mucho polvo en los ojos; con facultades agudas y con facultades débiles, con buenas cualidades y con malas cualidades, fáciles de enseñar y difíciles de enseñar. Y algunos de ellos vivían viendo el peligro de los defectos que tenían que ver con el otro mundo, mientras que otros no. Cuando hubo visto esto, respondió en verso a Brahmā Sahampati:

¡Abiertas de par en par están las puertas de los inmortales!
Que decidan su fe quienes tengan oídos para oír.
Pensando que sería problemático, Brahmā,
consideré no enseñar el elevado y sublime Dhamma
entre los hombres.

Entonces Brahmā Sahampati, sabiendo que su petición de que el Buda enseñara el Dhamma había sido concedida, se inclinó rindiéndole homenaje y rodeó respetuosamente al Buda, manteniéndolo a su derecha, antes de desaparecer allí mismo.

2

RESPETO

Así lo he oído. En cierta ocasión, cuando despertó por primera vez, Buda moraba cerca de Uruvelā, en la raíz del baniano del cabrero, a orillas del río Nerañjarā. Entonces, mientras estaba en retiro privado, le vino a la mente este pensamiento:

«*Es desagradable vivir sin respeto ni reverencia. ¿A qué asceta o brahmán debo honrar y respetar y en quién debo confiar?*»

Entonces se le ocurrió:

«*Honraría y respetaría y confiaría en otro asceta o brahmán para completar todo el espectro de la ética, si estuviera incompleto. Pero no veo a ningún otro asceta o brahmán en este mundo –con sus devas, Māras y Brahmās, esta población con sus ascetas y brahmanes, sus dioses y humanos– que esté más realizado que yo en la ética, a quien debería honrar y respetar y en quien debería confiar.*

Honraría y respetaría y confiaría en otro asceta o brahmán para completar el espectro total de inmersión, si estuviera incompleto. Pero no veo a ningún otro asceta o brahmán que sea más consumado que yo en la inmersión.

31

Honraría y respetaría y me apoyaría en otro asceta o brahmán para completar todo el espectro de la sabiduría, si estuviera incompleto. Pero no veo a ningún otro asceta o brahmán que esté más realizado que yo en sabiduría.

Honraría y respetaría y confiaría en otro asceta o brahmán para completar todo el espectro de la libertad, si estuviera incompleto. Pero no veo a ningún otro asceta o brahmán que esté más realizado que yo en la libertad.

Honraría y respetaría y confiaría en otro asceta o brahmán para completar todo el espectro del conocimiento y la visión de la libertad, si estuviera incompleto. Pero no veo a ningún otro asceta o brahmán en este mundo –con sus devas, Māras y Brahmās, esta población con sus ascetas y brahmanes, sus dioses y humanos– que esté más realizado que yo en el conocimiento y la visión de la libertad, a quien debería honrar y respetar y en quien debería confiar. ¿Por qué no honro y respeto y confío en el mismo Dhamma al que fui despertado?»

Entonces Brahmā Sahampati supo lo que el Buda estaba pensando. Con la misma facilidad con que una persona fuerte extendería o contraería su brazo, desapareció del reino de Brahmā y reapareció frente al Buda. Acomodó su túnica sobre un hombro, levantó sus palmas unidas hacia el Buda y dijo:

—*¡Es tan cierto, Bendito! ¡Es tan cierto, Santo! Todos los perfeccionados, los Budas plenamente despiertos que vivieron en el pasado honraron, respetaron y confiaron en esta misma enseñanza. Todos los perfeccionados, los Budas plenamente despiertos que vivirán en el futuro honrarán, respetarán y confiarán en esta misma enseñanza. Que el Bendito, que es el perfeccionado, el Buda plenamente* despierto en el presente, también honre y respete y confíe en esta misma enseñanza.

Esto es lo que dijo Brahmā Sahampati. Luego continuó diciendo:

—*Todos los Budas del pasado, los Budas del futuro y el Buda del presente –destructor de las penas de muchos– respetando la verdadera enseñanza, vivieron, viven y vivirán. Esta es la naturaleza de los Budas. Por lo tanto, alguien que se ama a sí mismo, aspirando a la trascendencia, debe respetar la verdadera enseñanza, recordando las enseñanzas de los Budas.*

3

CON BRAHMADEVA

Así lo he oído. En cierta ocasión, el Buda moraba cerca de Sāvatthī, en la Arboleda de Jeta, el monasterio de Anāthapindika. Ahora bien, en aquel tiempo cierta dama brahmán tenía un hijo llamado Brahmadeva, que había pasado de la vida laica a la vida sin hogar en presencia del Buda.

Entonces el venerable Brahmadeva, viviendo solo, retraído, diligente, agudo y resuelto, pronto comprendió el fin supremo del camino espiritual en esta misma vida. Vivió habiendo alcanzado con su propia perspicacia la meta por la que las personas de buenas familias salen con razón de la vida laica a la vida sin hogar. Comprendió:

«El renacimiento ha terminado; el viaje espiritual se ha completado; lo que había que hacer se ha hecho; no hay retorno a ningún estado de existencia.»

Y el venerable Brahmadeva se convirtió en uno de los perfeccionados.

Entonces Brahmadeva se vistió por la mañana y, tomando su cuenco y su túnica, entró en Sāvatthī en busca de limosna.

Vagando en busca de limosna para consumirla *in situ* en Sāvatthī, se acercó a la casa de su propia madre. Ahora bien, en aquel momento la madre de Brahmadeva, la dama brahmán, estaba ofreciendo una oblación regular a Brahmā. Entonces Brahmā Sahampati pensó:

«*La madre de este Venerable Brahmadeva, la dama brahmán, ofrece una oblación regular a Brahmā. ¿Por qué no voy y despierto en ella un sentimiento de urgencia?*»

Entonces, con la misma facilidad con que una persona fuerte extendería o contraería su brazo, desapareció del reino de Brahmā y reapareció en la casa de la madre de Brahmadeva. Entonces Brahmā Sahampati, mientras permanecía en el aire, se dirigió a la madre de Brahmadeva en verso:

Lejos de aquí está el reino de Brahmā, señora, al que usted ofrece una oblación regularmente. Pero Brahmā no come esa clase de comida. ¿Para qué haces invocaciones, si no conoces el camino hacia Brahmā? Este Brahmadeva, señora, libre de apegos, ha superado a los dioses.

Un monje sin posesiones ni dependencias, ha entrado en tu casa para pedir limosna. Es digno de ofrendas dedicadas a los dioses, un maestro de conocimiento, autodesarrollado. Es digno de ofrendas dedicadas a los dioses y a los hombres. Habiendo evitado todos los males, es inmaculado. De corazón desapegado, vaga en busca de alimento. No tiene un antes y un después, pacífico, despejado, sin problemas, sin necesidad de esperanza, ha puesto la vara para todas las criaturas firmes y frágiles. Así que déjale disfrutar de tu ofrenda de limosna selecta.

Con mente pacífica, ha abandonado la multitud,
vaga como un elefante domado, imperturbable.

Es un mendicante justo en ética, con el corazón bien liberado.
Así que déjale disfrutar de tu ofrenda de limosna selecta.

Con inquebrantable confianza en él,
presenta la ofrenda de tu maestro a quien la merezca.

Ahora que has visto al sabio que ha cruzado al otro lado,
señora, ¡haz méritos por la felicidad futura!»

Con inquebrantable confianza en él, presentó la ofrenda de su maestro a quien la merecía. Tras ver al sabio que había cruzado a la vida sin hogar, la dama brahmán hizo méritos por la felicidad futura.

4

CON BAKA EL BRAHMĀ[3]

Así lo he oído. En cierta ocasión, Buda moraba cerca de Sāvatthī, en la Arboleda de Jeta, el monasterio de Anāthapindika. Ahora bien, en aquel tiempo Baka el Brahmā tenía la siguiente nociva idea errónea:

«Esto es permanente, esto es sempiterno, esto es eterno, esto es total y completo, esto es imperecedero. Porque aquí no se nace, ni se

---

3 Baka el Brahmā no es el dios Brahma en el sentido del dios creador de la tradición hindú. En la cosmología budista, existen múltiples seres llamados "Brahmā" que habitan en diferentes reinos celestiales. Baka es uno de estos seres divinos, pero no es el dios supremo creador. En este sutta, Baka aparece como un ser celestial que ha caído en un error doctrinal significativo: cree que su estado y su reino son eternos e imperecederos. El texto muestra específicamente que Baka sostiene la siguiente visión errónea: "Esto es permanente, esto es sempiterno, esto es eterno, esto es entero, esto es imperecedero. Porque aquí no se nace, ni se envejece, ni se muere, ni se fallece, ni se renace." El Buda refuta esta creencia, señalando que incluso los reinos de los Brahmās están sujetos a la impermanencia. De hecho, el Buda demuestra su superior conocimiento revelando detalles sobre las vidas pasadas de Baka y estableciendo que su esperanza de vida, aunque extremadamente larga, es finita: "Sé que tu esperanza de vida es de dos quinquadecil millones de años." Esta narrativa ilustra un principio budista fundamental: ningún ser, ni siquiera los más elevados seres celestiales, está más allá de la impermanencia y el ciclo de renacimiento.

envejece, ni se muere, ni se fallece, ni se renace. Y no hay otra salida más allá de esto.»

Entonces el Buda supo lo que Baka el Brahmā estaba pensando. Con la misma facilidad con que una persona fuerte extendería o contraería su brazo, desapareció de la Arboleda de Jeta y reapareció en aquel reino de Brahmā. Baka el Brahmā vio al Buda que se alejaba en la distancia y le dijo:

—*¡Venga aquí, buen Señor! ¡Bienvenido, buen Señor! Hacía mucho tiempo que no aprovechabas la oportunidad de venir aquí. Porque esto es permanente, esto es sempiterno, esto es eterno, esto es completo, esto es imperecedero. Porque aquí no se nace, ni se envejece, ni se muere, ni se fallece, ni se renace. Y no hay otra salida más allá de esto.*

Cuando hubo hablado, el Buda dijo:

—*¡Ay, Baka el Brahmā está perdido en la ignorancia! ¡Ay, Baka el Brahmā está perdido en la ignorancia! Porque lo que en realidad es impermanente, no duradero, transitorio, incompleto y perecedero, él dice que es permanente, sempiterno, eterno, completo e imperecedero. Y donde hay nacer, envejecer, morir, fallecer y renacer, él dice que no hay nacer, envejecer, morir, fallecer ni renacer.*
Y aunque hay otra salida más allá de esto, él dice que no hay otra salida más allá de esto.

[Baka el Brahmā respondió:]

—*Gautama, nosotros, los setenta y dos hacedores de méritos, somos ahora poseedores de poder, habiendo pasado más allá del renacimiento y la vejez.*

Este es nuestro último renacimiento como Brahmā, maestro del conocimiento. Y ahora mucha gente nos reza.

[El Buda respondió:]

—*Pero, Baka, la duración de la vida aquí es corta, no larga, aunque tú creas que es larga.*
Sé que tu esperanza de vida es de dos quinquadecil millones de años, Brahmā.

[Baka el Brahmā respondió:]

—*Bendito, yo soy el de la visión infinita, que ha ido más allá del renacimiento, la vejez y el dolor. ¿Qué preceptos y observancias practiqué en el pasado? Explícamelo para que pueda entenderlo.*

[El Buda respondió:]

—*Diste de beber a muchas personas que estaban oprimidas por la sed y el calor.*
Son los preceptos y observancias que practicaste en el pasado. Lo recuerdo como quien ha despertado del sueño.

Cuando la gente del río Deer Bank fue apresada, liberaste a los cautivos mientras se los llevaban.
Esos son los preceptos y observancias que practicaste en el pasado. Lo recuerdo como quien despierta del sueño.

Cuando un barco en el río Ganges fue apresado por un feroz dragón deseoso de carne humana, lo liberaste blandiendo tu poderosa fuerza.
Esos son los preceptos y observancias que practicaste en el pasado. Lo recuerdo como quien despierta del sueño.

Solía ser tu sirviente llamado Kappa. Pensabas que era inteligente y leal.

Esos son los preceptos y observancias que practicabas en el pasado.

Lo recuerdo como quien ha despertado del sueño.

[Baka el Brahmā respondió:]

—*Tú sí que entiendes esta vida mía. Y de otras también, las sabes; por eso eres el Buda. Y por eso tu gloria resplandeciente ilumina incluso el reino de Brahmā.*

5

UN CIERTO BRAHMĀ

En Sāvatthī, en aquel tiempo, cierto Brahmā tenía la siguiente nociva idea errónea:

«¡Ningún asceta o brahmán puede venir aquí!»

Entonces el Buda supo lo que pensaba aquel Brahmā. Con la misma facilidad con que una persona fuerte extendería o contraería su brazo, desapareció de la Arboleda de Jeta y reapareció en aquel reino de Brahmā. Entonces el Buda se sentó con las piernas cruzadas en el aire por encima de aquel Brahmā, habiendo entrado en el elemento fuego.

Entonces el Venerable Mahāmoggallāna[4] pensó:

---

4 Mahāmoggallāna es uno de los dos principales discípulos del Buda, considerado el más destacado en poderes psíquicos o sobrenaturales (*iddhipāda*). En este sutta aparece demostrando estos poderes extraordinarios junto con otros discípulos principales (Mahākassapa, Mahākappina y Anuruddha) cuando acompañan al Buda en una visita al reino de cierto Brahmā arrogante. La intervención de Mahāmoggallāna ilustra cómo utiliza sus poderes psíquicos para apoyar la enseñanza del Buda. En la narrativa, se muestra capaz de percibir dónde se encuentra el Buda mediante su clarividencia y de transportarse al reino de Brahmā, donde participa en una demostración colectiva de poder espiritual que tiene como objetivo inspirar un sentido de urgencia espiritual en el Brahmā. El texto también

«¿Dónde se encuentra el Buda en este momento?»

Con clarividencia purificada y sobrehumana, vio al Buda sentado con las piernas cruzadas en el aire por encima de aquel Brahmā, habiendo entrado en el elemento fuego. Entonces, con la misma facilidad con que una persona fuerte extendería o contraería su brazo, desapareció de la Arboleda de Jeta y reapareció en aquel reino de Brahmā.

Entonces Mahāmoggallāna –posicionándose en el este, debajo del Buda– se sentó con las piernas cruzadas en el aire por encima de ese Brahmā, habiendo entrado en el elemento fuego. Entonces el Venerable Mahākassapa... se posicionó en el sur... el Venerable Mahākappina... se posicionó en el oeste... y el Venerable Anuruddha... se colocó en el norte, debajo del Buda, sentado con las piernas cruzadas en el aire por encima de Brahmā, habiendo entrado en el elemento fuego.

Entonces Mahāmoggallāna se dirigió a ese Brahmā en verso:

Señor, ¿sigue teniendo la misma opinión que tenía en el pasado,
o ve el resplandor que trasciende el reino de Brahmā?

[El Brahmā respondió:]

Buen Señor, no tengo esa visión que tenía en el pasado.
Veo el resplandor que trasciende el reino de Brahmā.
Entonces, ¿cómo podría decir hoy que soy permanente y eterno?

Habiendo inspirado una sensación de asombro en el Brahmā, con la misma facilidad con que una persona fuerte extendería o

---

revela que había muchos otros discípulos del Buda con poderes similares, como se evidencia en el verso que Mahāmoggallāna pronuncia: "Hay muchos discípulos de Buda que poseen los tres conocimientos y han alcanzado el poder psíquico, expertos en leer la mente, son perfeccionados con las impurezas acabadas."

contraería su brazo, el Buda desapareció del reino Brahmā y reapareció en la Arboleda de Jeta. Entonces aquel Brahmā se dirigió a un miembro de su séquito:

Por favor, buen señor, acércate al Venerable Mahāmoggallāna y dile: "Moggallāna mi buen señor, ¿hay algún otro discípulo de Buda que tenga un poder y una fuerza comparables a los maestros Moggallāna, Kassapa, Kappina y Anuruddha?"

—Sí, buen Señor, —respondió aquel miembro del séquito.

Se dirigió a Moggallāna y le preguntó cómo se le había ordenado. Entonces Mahāmoggallāna se dirigió en verso a aquel miembro de la comitiva de Brahmā:

Hay muchos discípulos de Buda que poseen los tres conocimientos y han alcanzado el poder psíquico, expertos en leer la mente, son perfeccionados con las impurezas acabadas.

Entonces aquel miembro del séquito de Brahmā, habiendo aprobado y estado de acuerdo con lo dicho por Mahāmoggallāna, se dirigió a ese Brahmā y le dijo:

Buen Señor, el Venerable Mahāmoggallāna dijo esto:
"Hay muchos discípulos de Buda que poseen los tres conocimientos, y han alcanzado el poder psíquico, expertos en leer la mente, son perfeccionados con las impurezas acabadas"

Eso fue lo que dijo aquel miembro del séquito de Brahmā. Satisfecho, ese Brahmā estaba contento con lo que dijo el miembro de su séquito.

6

EL BRAHMĀ NEGLIGENTE

Ocurrió en Sāvatthī. En aquellos momentos el Buda se había retirado a la soledad para la meditación del día. Entonces los brahmās independientes Subrahmā y Suddhāvāsa[5] fueron hacia el Buda y se colocaron junto al poste de cada puerta. Entonces Subrahmā dijo a Suddhāvāsa:

—*Buen señor, es mal momento para rendir homenaje al Buda. Se ha retirado a la soledad para la meditación del día. Pero tal o cual*

---

5 Subrahmā y Suddhāvāsa son "brahmās independientes" que aparecen en los suttas 6, 7 y 8 del Brahma Saṃyutta actuando como aliados del Buda en la tarea de inspirar urgencia espiritual en otros seres celestiales. Específicamente en el sutta 6, estos dos brahmās demuestran una notable iniciativa al decidir visitar a otro Brahma que "es negligente" para intentar inspirarle temor y urgencia espiritual. El texto los muestra primero intentando visitar al Buda, pero al encontrarlo en meditación, deciden por su cuenta ir a confrontar al Brahma negligente. El término "Suddhāvāsa" es particularmente significativo en la cosmología budista, ya que se refiere a las "Moradas Puras", los reinos más elevados del plano de la forma donde solo renacen los anāgāmis (los "no retornantes"). Por lo tanto, Suddhāvāsa como brahmā probablemente representa un ser celestial de estos reinos superiores. En el texto, estos dos brahmās demuestran una comprensión correcta del Dhamma y actúan como auxiliares en la tarea de despertar a otros seres celestiales de su complacencia, ilustrando cómo incluso los seres divinos pueden funcionar como agentes activos en la propagación de la enseñanza budista.

reino Brahmā es exitoso y próspero, mientras que el Brahmā que vive allí es negligente. Venga, ¡vamos a ese reino de Brahmā e inspiremos temor en ese Brahmā!

—*Sí, buen señor,* —respondió Suddhāvāsa.

Entonces, con la misma facilidad con que una persona fuerte extendería o contraería su brazo, desaparecieron de delante del Buda y aparecieron en ese reino de Brahmā. Aquel Brahmā vio a esos Brahmās alejarse en la distancia y les dijo:

—*Bien, buenos señores, ¿de dónde venís?*

[Subrahmā y Suddhāvāsa respondieron:]

—*Buen señor, venimos de la presencia del Bendito, el perfeccionado, el Buda plenamente despierto. ¿No deberías ir a atender a ese Bendito?*

Cuando hubieron hablado, aquel Brahmā se negó a aceptar su consejo. Se multiplicó mil veces y le dijo a Subrahmā:

—*Buen señor, ¿no ves que tengo tal poder psíquico?*

[Subrahmā respondió:]

—*Ya lo veo, buen señor.*

[Y el Brahmā respondió:]

—*Puesto que tengo tal poder psíquico y fuerza,
¿a qué otro asceta o brahmán debo ir y atender?*

Entonces Subrahmā se multiplicó dos mil veces y le dijo a aquel Brahmā:

—*Buen señor, ¿no ves que tengo tal poder psíquico?*

—*Ya lo veo, buen señor.*

—*Pues ese Buda tiene aún más poder psíquico y fuerza que tú o que yo. ¿No deberías ir a atender a ese Bendito?*

Entonces aquel Brahmā se dirigió a Subrahmā en verso:

—*Hay tres centenares de fénix, cuatro de cisnes y cinco de águilas.*
Este palacio pertenece a aquel que practicó la absorción.
Brilla, Brahmā, ¡iluminando la zona norte!

[Y Subrahmā le respondió:]

—*¿Y qué si tu palacio brilla, iluminando la zona norte?*
Una persona inteligente que ha visto el defecto de la forma,
su temblor crónico, no siente placer en ello.

Entonces, tras inspirar temor a aquel Brahmā, los brahmās independientes Subrahmā y Suddhāvāsa desaparecieron allí mismo. Y al cabo de algún tiempo ese Brahmā fue a atender al Buda.

7

SOBRE KOKĀLIKA

Ocurrió en Sāvatthī. En aquel momento el Buda se había retirado a la soledad para la meditación del día. Entonces los brahmās independientes Subrahmā y Suddhāvāsa fueron hacia el Buda y se colocaron uno junto al poste de cada puerta. Entonces Subrahmā recitó este verso sobre el monje Kokālika[6] en presencia del Buda:

¿Qué sabio de los presentes juzgaría lo inconmensurable midiéndolo?
Creo que cualquiera que haga tal cosa debe ser una persona ordinaria, envuelta en la oscuridad.

---

6 Kokālika aparece como un monje problemático en varios suttas del Brahma Saṃyutta (7, 9 y 10). Su historia se desarrolla principalmente en el sutta 10, donde se le presenta como un monje que acusa falsamente a Sāriputta y Moggallāna, los dos principales discípulos del Buda, de tener "deseos perversos".

8

SOBRE KATAMORAKATISSAKA

Ocurrió en Sāvatthī. En aquel momento el Buda se había retirado a la soledad para la meditación del día. Entonces los brahmās independientes Subrahmā y Suddhāvāsa fueron hacia el Buda y se colocaron uno junto al poste de cada puerta. Entonces Suddhāvāsa recitó este verso sobre el monje Katamorakatissaka en presencia del Buda:

¿Qué sabio de los presentes juzgaría lo inconmensurable midiéndolo?
Creo que cualquiera que hiciera tal cosa debe ser un necio, envuelto en tinieblas.

9

CON EL BRAHMĀ TUDU

Ocurrió en Sāvatthī. En aquel tiempo el monje Kokālika estaba indispuesto, sufriendo, gravemente enfermo. Entonces, ya entrada la noche, el hermoso brahmā independiente Tudu, iluminando toda la Arboleda de Jeta, se acercó al monje Kokālika, y de pie en el aire le dijo:

—*Kokālika, ten confianza en Sāriputta y Moggallāna, son buenos monjes.*

—*¿Quién es usted, reverendo?*, —respondió Kokālika

—*Soy Tudu el brahmā independiente.*

[Kokālika le preguntó:]

«*¿No te declaró el Buda un no retornante? Entonces, ¿qué haces exactamente de vuelta aquí? ¡Mira lo lejos que te has desviado!*»

[Tudu el brahmā respondió:]

Un hombre nace con un hacha en la boca.
Un tonto se corta con ella cuando dice malas palabras.

Cuando alabas a alguien digno de crítica,
o criticas a alguien digno de alabanza,
eliges la mala suerte con tu propia boca:
así nunca encontrarás la felicidad.

La mala suerte en los dados es algo trivial,
si todo lo que pierdes es tu dinero y todo lo que posees,
incluso a ti mismo.
Lo que es realmente mala suerte es odiar a los santos.

Durante más de dos quinquadecillones de años,
y otros cinco quattuordecillones de años,
un calumniador de los nobles va al infierno,
habiendo dirigido malas palabras y pensamientos hacia ellos.

10

CON KOKĀLIKA

Ocurrió en Sāvatthī. En cierta ocasión el monje Kokālika se acercó al Buda, se inclinó, se sentó a un lado y le dijo:

Señor, Sāriputta y Moggallāna tienen deseos perversos. Han caído bajo el dominio de deseos perversos.

Dicho esto, el Buda le dijo a Kokālika:

¡No digas eso, Kokālika! ¡No digas eso, Kokālika! Ten confianza en Sāriputta y Moggallāna, son buenos monjes.

Por segunda vez Kokālika dijo al Buda:

A pesar de mi fe y confianza en el Buda, Sāriputta y Moggallāna tienen deseos perversos. Han caído bajo el dominio de deseos perversos.

Por segunda vez, el Buda le dijo a Kokālika:

¡No digas eso, Kokālika! ¡No digas eso, Kokālika! Ten confianza en Sāriputta y Moggallāna, son buenos monjes.

Por tercera vez Kokālika dijo al Buda:

A pesar de mi fe y confianza en el Buda, Sāriputta y Moggallāna tienen deseos perversos. Han caído bajo el dominio de deseos perversos.

Por tercera vez, el Buda le dijo a Kokālika:

¡No digas eso, Kokālika! ¡No digas eso, Kokālika! Ten confianza en Sāriputta y Moggallāna, son buenos monjes.

Entonces Kokālika se levantó de su asiento, hizo una reverencia y rodeó respetuosamente al Buda, manteniéndolo a su derecha, antes de marcharse. Poco después de marcharse, su cuerpo se llenó de forúnculos del tamaño de granos de mostaza. Los forúnculos crecieron hasta alcanzar el tamaño de judías, luego de garbanzos, luego de semillas de azufaifo, luego de azufaifos, luego de mirobálanos, luego de manzanas de madera sin madurar, luego de manzanas de madera maduras. Finalmente se reventaron y supuraron pus y sangre. Entonces el monje Kokālika murió de esa enfermedad. Renació en el infierno del Loto Rosa a causa de su resentimiento hacia Sāriputta y Moggallāna.

Entonces, ya entrada la noche, el hermoso Brahmā Sahampati, iluminando toda la Arboleda de Jeta, se acercó al Buda, se inclinó, rindiéndole homenaje, se puso a un lado y le dijo:

Señor, el monje Kokālika ha fallecido. Renació en el infierno del Loto Rosa por su resentimiento hacia Sāriputta y Moggallāna.

Eso fue lo que dijo Brahmā Sahampati. Luego se inclinó de nuevo y rodeó respetuosamente al Buda, manteniéndolo a su derecha, antes de desaparecer allí mismo.

Luego, cuando hubo pasado la noche, el Buda contó a los monjes todo lo que había sucedido. Al decir esto, uno de los monjes preguntó al Buda:

—*Señor, ¿cuánto dura la vida en el infierno del Loto Rosa?*

[El Buda respondió:]

—*Es larga, oh monje. No es fácil calcular cuántos años, cuántos cientos o miles o cientos de miles de años dura.*

—*Pero Señor, ¿es posible hacer un símil?*

—*Es posible:* —dijo el Buda— *supongamos que en Kosala[7] hubiera un carro cargado con veinte fanegas de semillas de sésamo. Y al cabo de cada cien años alguien sacara de él una sola semilla. De este modo, el carro de Kosala con veinte fanegas de semillas de sésamo se agotaría más rápido que una sola vida en el infierno de*

---

7 Kosala fue uno de los reinos (*mahājanapadas*) más importantes de la India antigua durante la época del Buda, ubicado en lo que hoy es principalmente el estado de Uttar Pradesh. Su capital era Sāvatthī, una ciudad que aparece frecuentemente en los textos budistas como escenario de muchas enseñanzas del Buda. En el contexto histórico del budismo temprano, Kosala rivalizaba en poder e influencia con el reino de Magadha. El rey Pasenadi de Kosala fue un importante seguidor laico del Buda y aparece en numerosos suttas del Canon Pali dialogando con él. La importancia de Kosala en los textos budistas se refleja en que el Buda pasó mucho tiempo en este reino, especialmente en Sāvatthī, donde se encontraba el famoso monasterio de Jetavana, donado por el mercader Anāthapiṇḍika. Cuando en el texto se menciona "un carro de Kosala", se está refiriendo a una medida de capacidad característica de este reino, probablemente bien conocida en la época por el comercio activo que se realizaba en la región. Esta referencia específica a Kosala en el sutta sugiere la importancia comercial y cultural de este reino en el contexto de la India antigua. La mención de Kosala también nos ayuda a situar geográfica e históricamente los eventos y enseñanzas descritos en los textos, proporcionando un marco de referencia concreto para entender el contexto en el que se desarrolló el budismo temprano.

Abbuda. Ahora bien, veinte vidas en el infierno Abbuda equivalen a una vida en el infierno Nirabbuda. Veinte vidas en el infierno Nirabbuda equivalen a una vida en el infierno Ababa. Veinte vidas en el infierno de Ababa equivalen a una vida en el infierno de Aṭaṭa. Veinte vidas en el infierno de Aṭaṭa equivalen a una vida en el infierno de Ahaha. Veinte vidas en el infierno Ahaha equivalen a una vida en el infierno del Loto Amarillo. Veinte vidas en el infierno del Loto Amarillo equivalen a una vida en el infierno del Dulce Olfato. Veinte vidas en el infierno del Loto Amarillo equivalen a una vida en el infierno del Nenúfar Azul. Veinte vidas en el infierno del Nenúfar Azul equivalen a una vida en el infierno del Loto Blanco. Veinte vidas en el infierno del Loto Blanco equivalen a una vida en el infierno del Loto Rosa. El monje Kokālika ha renacido en el infierno del Loto Rosa a causa de su resentimiento hacia Sāriputta y Moggallāna.

Eso es lo que dijo el Buda. Entonces el Santo, el Maestro, continuó diciendo:

Un hombre nace con un hacha en la boca.
Un tonto se corta con ella cuando dice malas palabras.

Cuando alabas a alguien digno de crítica, o criticas a alguien digno de alabanza, eliges la mala suerte con tu propia boca: así nunca encontrarás la felicidad.

La mala suerte en los dados es algo trivial, si todo lo que pierdes es tu dinero y todo lo que posees, incluso a ti mismo.
Lo que es realmente mala suerte es odiar a los santos.

Durante más de dos quinquadecillones de años, y otros cinco quattuordecillones de años, un calumniador de los nobles va al infierno, habiendo dirigido malas palabras y pensamientos hacia ellos.

SEGUNDO CAPÍTULO

11

CON SANAṄKUMĀRA

Así lo he oído. En cierta ocasión, Buda moraba cerca de Rājagaha, a orillas del río Sappinī. Entonces, ya entrada la noche, el hermoso Brahmā Sanaṅkumāra, iluminando toda la ribera del Sappinī, se acercó al Buda, se inclinó rindiéndole homenaje, se puso a un lado y recitó este verso en presencia del Buda:

El aristócrata es el mejor de los que toman el clan como norma. Pero uno consumado en el conocimiento y la conducta es el mejor de los dioses y los humanos.

Eso dijo Brahmā Sanaṅkumāra, y el maestro lo aprobó. Entonces Brahmā Sanaṅkumāra, sabiendo que el maestro lo aprobaba, se inclinó de nuevo y rodeó respetuosamente al Buda, manteniéndolo a su derecha, antes de desaparecer allí mismo.

12

SOBRE DEVADATTA

Así lo he oído. En cierta ocasión, el Buda moraba cerca de Rājagaha, en la montaña del Pico del Buitre, no mucho después de que Devadatta se hubiera marchado. Entonces, a altas horas de la noche, el hermoso Brahmā Sahampati, iluminando todo el Pico del Buitre, se acercó al Buda, se inclinó rindiéndole homenaje, se puso a un lado y recitó este verso en presencia del Buda:

El platanero es destruido por su propio fruto, al igual que el bambú y la caña.

El honor destruye a un miserable como el embarazo destruye a una mula.

13

EN ANDHAKAVINDA[8]

En cierta ocasión, el Buda se encontraba en la tierra de los maga-
danes, en Andhakavinda. En aquella ocasión, el Buda estaba
meditando al aire libre en la oscuridad de la noche, mientras caía
una suave llovizna. Entonces, ya entrada la noche, el hermoso
Brahmā Sahampati, iluminando la totalidad de Andhakavinda,
se acercó al Buda, se inclinó rindiéndole homenaje, se colocó a
un lado y recitó estos versos en presencia del Buda:

---

8 En este sutta, Brahma Sahampati se dirige al Buda mientras este medita al aire
libre en Andhakavinda durante una noche lluviosa. Sus versos transmiten una
exhortación sobre la práctica correcta de la vida contemplativa budista. El mensaje central de Brahma Sahampati enfatiza la importancia de la práctica solitaria
en lugares apartados, pero con un importante matiz: si un practicante no encuentra satisfacción en la soledad absoluta, debe residir en la comunidad monástica
(Saṅgha) manteniéndose vigilante y atento. Describe además las cualidades ne-
cesarias para la práctica correcta: el control de los sentidos, la autodisciplina y la
atención plena durante la recolección de limosnas. Particularmente significativa
es su descripción de la intrepidez necesaria para meditar en lugares salvajes donde
hay serpientes y donde los relámpagos iluminan la oscuridad. Esta imagen sirve
para ilustrar la determinación requerida en el camino espiritual. El sutta con-
cluye con Brahma Sahampati afirmando que ha sido testigo directo del éxito de
estas enseñanzas, mencionando la existencia de numerosos practicantes que han
alcanzado diversos niveles de realización espiritual, incluyendo "mil destructores
de la Muerte" (*arhats*) y más de quinientos "que han entrado en la corriente"
(*sotāpannas*).

Uno debe frecuentar moradas apartadas
donde practicar para liberarse de las cadenas.
Si no encuentra allí disfrute, vive en la Saṅgha, vigilado y atento.

Caminando en busca de limosna de familia en familia,
con los sentidos vigilados, autodisciplinados y atentos.
Uno debe frecuentar lugares apartados, morando libre de temores,
liberado en la intrepidez.

Donde serpientes temibles se deslizan,
donde los relámpagos centellean y el cielo truena
en la oscuridad de la noche;
allí medita un monje, libre de piel de gallina.

Porque esto sí que lo he visto, no es solo lo que dice el testamento:
en una sola dispensación espiritual
hay mil destructores de la Muerte.

Y de los aprendices hay más de quinientos, y diez veces diez decenas;
todos han entrado en la corriente,
liberados del renacimiento en el reino animal.

Y en cuanto a otras personas que creo que han compartido el mérito,
ni siquiera podría enumerarlos por miedo a hablar falsamente.

14

SOBRE ARUNAVATĪ

Así lo he oído. En cierta ocasión el Buda moraba cerca de Sāvatthī. Allí se dirigió a los monjes:

—¡*Oh monjes!*

—*Venerable Señor* —respondieron ellos.

El Buda dijo lo siguiente:

Érase una vez, oh monjes, un rey llamado Arunavā. Tenía una capital llamada Arunavatī. Sikhī[9] *el Bendito, el perfeccionado, el Buda plenamente despierto vivía apoyado por Arunavatī. Sikhī tenía una excelente pareja de discípulos principales llamados Abhibhū y Sambhava. Entonces el Buda Sikhī se dirigió al monje Abhibhū:*

---

9   En el Canon Pali, Sikhī es reconocido como el quinto de los siete Budas del pasado (*sattha Buda*), precediendo a Gautama Buda. La narrativa en este sutta sirve para ilustrar la continuidad de las enseñanzas budistas a través de diferentes eras, mostrando cómo los Budas anteriores también enseñaban el Dhamma y tenían discípulos capaces de realizar demostraciones extraordinarias de poder espiritual.

—*Ven, brahmán, vayamos a uno de los reinos Brahmā hasta que sea la hora de nuestra comida.*

—*Sí, Señor* —respondió Abhibhū.

Entonces, con la misma facilidad con que una persona fuerte extendería o contraería el brazo, desaparecieron de Arunavatī y aparecieron en aquel reino de Brahmā.

Entonces el Buda Sikhī se dirigió al monje Abhibhū:

—*Brahmán, enseña el Dhamma según te sientas inspirado para ese Brahmā, su asamblea y los miembros de su séquito.*

—*Sí, Señor* —respondió Abhibhū.

Entonces los educó, animó, encendió e inspiró con una charla sobre el Dhamma. Pero el Brahmā, su asamblea y su séquito se quejaron, refunfuñaron y objetaron:

—*¡Es increíble, es increíble! ¿Cómo demonios puede un discípulo enseñar el Dhamma en presencia del Maestro?*

Entonces el Buda Sikhī se dirigió al monje Abhibhū:

—*Brahmin, Brahmā, su asamblea y su séquito se quejan de que un discípulo enseñe el Dhamma en presencia del Maestro. Pues bien, brahmán, ¡agítales aún más!*

—*Sí, Señor* —respondió Abhibhū.

Entonces enseñó el Dhamma con su cuerpo visible; con su cuerpo invisible; con la mitad inferior visible y la mitad superior invisible; y con la mitad superior visible y la mitad inferior invisible. Y el Brahmā, su asamblea y su séquito, con la mente llena de asombro y maravilla, pensaron:

—*¡Es increíble, es increíble!*
¡El asceta tiene tal poder psíquico y fuerza!

Entonces Abhibhū dijo al Buda Sikhī:

—*Señor, recuerdo haber dicho esto en medio de la Saṅgha: "De pie en el reino de Brahmā, puedo hacer oír mi voz por toda la galaxia."*

—*¡Ahora es el momento, brahmán!*
¡Ahora es el momento, brahmán!
De pie en el reino de Brahmā,
haz que tu voz se oiga en toda la galaxia.

—*Sí, Señor* —respondió Abhibhū.

De pie en el reino de Brahmā, recitó este verso:

¡Levantaos! ¡Esforzaos más!
¡Dedicaos a las enseñanzas de Buda!
Aplastad al ejército de la Muerte,
como un elefante aplasta una choza de juncos.

Quienquiera que viva diligentemente
en esta enseñanza y entrenamiento,
renunciando a la transmigración
a través de los renacimientos,
pondrá fin al sufrimiento.

Habiendo inspirado a aquel Brahmā, a su asamblea y a su séquito un sentimiento de sobrecogimiento, con la misma facilidad con que una persona fuerte extendería o contraería su brazo, Sikhī y Abhibhū desaparecieron de aquel reino del Brahmā y aparecieron en Arunavatī. Entonces el Buda Sikhī se dirigió a los monjes:

—*Oh monjes, ¿habéis oído al monje Abhibhū decir estos versos mientras estaba en un reino de Brahmā?*

—*Sí, Señor* —respondieron los monjes.

—*¿Pero qué oísteis exactamente?*

—*Esto es lo que oímos, Señor:*

"*¡Levantaos! ¡Esforzaos más!*
¡Dedicaos a las enseñanzas de Buda!
Aplastad al ejército de la Muerte,
como un elefante aplasta una choza de juncos.

Quienquiera que viva diligentemente
en esta enseñanza y entrenamiento,
renunciando a la transmigración
a través de los renacimientos,
pondrá fin al sufrimiento."

Eso es lo que hemos oído, Señor.

—*¡Bien, bien, oh monjes! Es bueno que hayáis oído al monje Abhibhū decir este verso estando en un reino de Brahmā.*

Eso fue lo que dijo el Buda. Satisfechos, los monjes quedaron contentos con lo que dijo el Bendito.

15

EXTINCIÓN FINAL

En cierta ocasión, el Buda se encontraba entre un par de árboles de sal en el bosque de sal de los Mallas en Upavattana, cerca de Kusinārā, en el momento de su extinción final. Entonces el Bienaventurado dijo a los monjes:

—*Venid ahora, oh monjes, os digo a todos:*
Las condiciones se desmoronan. Persistid con diligencia.

Éstas fueron las últimas palabras del Realizado. Entonces el Buda entró en la primera absorción. Al salir de ella, entró en la segunda absorción. Al salir de ella, entró y salió sucesivamente de la tercera absorción, de la cuarta absorción, de la dimensión del espacio infinito, de la dimensión de la conciencia infinita, de la dimensión de la nada y de la dimensión de la no percepción ni de la no percepción. Luego entró en la cesación de la percepción y la sensación.

Luego emergió del cese de la percepción y la sensación y entró en la dimensión de la no percepción ni de la no percepción. Saliendo de allí, entró y salió sucesivamente de la dimensión de la nada, de la dimensión de la conciencia infinita, de la dimensión del espacio infinito, de la cuarta absorción, de la tercera absorción, de la segunda absorción y de la primera absorción. Saliendo de ahí, entró y salió sucesivamente de la segunda absorción y de la tercera absorción. Luego entró en la cuarta absorción. Al salir de ella, el Buda se extinguió por completo. Cuando el Buda se extinguió por completo, junto con la completa extinción, Brahmā Sahampati recitó este verso:

Todas las criaturas de este mundo deben deponer su cuerpo.
Porque incluso un Maestro como éste, sin rival en el mundo,
el Realizado, que alcanzó el poder, el Buda se extinguió por completo.

Cuando el Buda se extinguió por completo, Sakka, señor de los dioses, recitó este verso:

¡Oh! Las condiciones son impermanentes, su naturaleza es subir y bajar; habiendo surgido, cesan; su quietud es la verdadera dicha.

Cuando el Buda se extinguió por completo, el Venerable Ānanda recitó este verso:

¡Entonces hubo terror! ¡Entonces se les puso la carne de gallina!
De pie en el reino de Brahmā,
haz que tu voz se oiga en toda la galaxia.

—*Sí, Señor* —respondió Abhibhū.

De pie en el reino de Brahmā, recitó este verso:

¡Levantaos! ¡Esforzaos más!
Soportó los sentimientos dolorosos sin inmutarse.
La liberación de su corazón fue como la extinción de una lámpara.

LOS DISCURSOS ENLAZADOS
SOBRE LOS BRAHMĀS HAN CONCLUIDO

BRĀHMAŅA SAMYUTTA

El *Brāhmaṇa Saṃyutta*, o "Discursos enlazados con los brahmanes", constituye una colección fundamental para comprender la relación entre el budismo temprano y la clase sacerdotal brahmánica. Esta colección de veintidós suttas, que forma parte del *Saṃyutta Nikāya* del Canon Pali, documenta los encuentros del Buda con diversos brahmanes, revelando las estrategias pedagógicas y dialécticas empleadas para transformar sus concepciones religiosas tradicionales.

La estructura de esta colección refleja un patrón significativo en la expansión del budismo primitivo. Los primeros diez suttas, agrupados bajo el título "Los Perfeccionados", presentan encuentros que culminan en la más alta realización espiritual: brahmanes que alcanzan el estado de arahant. Los doce suttas restantes, bajo el título "Seguidores laicos", documentan conversiones que resultan en el compromiso con las enseñanzas budistas a nivel laico. Esta organización dual ilustra los diferentes niveles de compromiso posibles con el Dhamma.

Un aspecto particularmente notable de estos textos es su tratamiento del concepto de "brahmán". El Buda sistemáticamente redefine este término, desvinculándolo de su base hereditaria y reinterpretándolo en términos éticos y espirituales. Esta redefinición representa una crítica fundamental al sistema de castas, aunque presentada con una sutileza característica que busca transformar más que confrontar directamente.

Los protagonistas brahmánicos de estos suttas representan diversos arquetipos de la clase sacerdotal: desde el erudito orgulloso hasta el ritualista devoto, desde el escéptico hostil hasta el buscador sincero. El texto emplea una variedad de recursos literarios y retóricos, incluyendo diálogos, metáforas y versos, para transmitir las enseñanzas budistas de manera efectiva a cada tipo de interlocutor.

Destaca en particular la presencia recurrente de miembros del clan Bhāradvāja, cuyas diversas personalidades y transformaciones espirituales proporcionan un hilo conductor a través de varios suttas. Sus historias de conversión ilustran diferentes aspectos del proceso de transformación espiritual, desde la hostilidad inicial hasta la comprensión final del Dhamma.

La estructura refleja una progresión en los niveles de compromiso con las enseñanzas budistas, desde aquellos que alcanzan la más alta realización espiritual en el primer capítulo hasta aquellos que adoptan el budismo como seguidores laicos en el segundo capítulo.

Esta traducción busca preservar tanto el contenido doctrinal como la vivacidad narrativa de los textos originales, permitiendo al lector contemporáneo apreciar la habilidad con que el Buda adaptaba su enseñanza a diferentes audiencias mientras mantenía la integridad de su mensaje fundamental.

PRIMER CAPÍTULO

LOS PERFECCIONADOS

1

CON DHANAÑJĀNĪ

Así lo he oído. En cierta ocasión, Buda moraba cerca de Rājagaha, en la Arboleda de Bambú, lugar de alimentación de las ardillas. Ahora bien, en aquel tiempo, la mujer de un brahmán del clan Bhāradvāja llamada Dhanañjānī era devota del Buda, de la enseñanza y de la Saṅgha. Una vez, mientras llevaba la comida a su marido tropezó y pronunció tres veces estas palabras de inspiración:

—*¡Homenaje a ese Bendito, el perfeccionado, el Buda plenamente despierto! ¡Homenaje a ese Bendito, el perfeccionado, el Buda plenamente despierto! ¡Homenaje a ese Bendito, el perfeccionado, el Buda plenamente despierto!*

Cuando ella dijo esto, su esposo el brahmán comentó respecto a lo que dijo Dhanañjānī:

—*Eso no es correcto. Por la más mínima cosa esta desdichada señora se deshace en elogios hacia ese asceta calvo. Ahora mismo, desgraciada, ¡voy a refutar la doctrina de tu maestro!*

[A lo que Dhanañjānī respondió:]

Brahmán, no veo a nadie en este mundo –con sus dioses, Māras y Brahmās, esta población con sus ascetas y brahmanes, sus dioses y humanos– que pueda refutar la doctrina del Bendito, el perfeccionado, el Buda plenamente despierto. Pero, de todos modos, deberías ir. Cuando hayas ido lo entenderás.

Entonces el brahmán del clan Bhāradvāja, enfadado y molesto, se dirigió al Buda e intercambió saludos con él. Cuando terminaron los saludos y la conversación cortés, se sentó a un lado y se dirigió al Buda en verso:

¿Con qué, cuando se incinera, ¿duermes tranquilo?
¿Con qué, cuando se incinera, ¿no hay tristeza?
¿Qué es lo único cuya muerte apruebas?

[El Buda respondió:]

Cuando se incinera la ira duermes tranquilo.
Cuando se incinera la ira no hay pena.
Oh, brahmin, la ira tiene una raíz envenenada y una punta de miel.
Los nobles alaban su muerte,
porque cuando es incinerada no hay dolor.

Al decir esto, el brahmán dijo al Buda:

¡Excelente, Maestro Gautama! ¡Excelente! Como si estuviera enderezando lo volcado, o revelando lo oculto, o señalando el camino a los perdidos, o encendiendo una lámpara en la oscuridad para que la gente con buenos ojos pueda ver lo que hay, el Maestro Gautama ha aclarado la enseñanza de muchas maneras. Acudo en busca de refugio al Maestro Gautama, a la enseñanza y a la Saṅgha mendicante. Señor, ¿puedo recibir la salida a la vida sin hogar, la ordenación en presencia del Buda?

Y el brahmán recibió la salida a la vida sin hogar, la ordenación en presencia del Buda. No mucho después de su ordenación, el Venerable Bhāradvāja, viviendo solo, retraído, diligente, entusiasta y resuelto, pronto comprendió el fin supremo del camino espiritual en esta misma vida. Vivió habiendo alcanzado con su propia perspicacia la meta por la que las personas de buenas familias salen con razón de la vida laica a la vida sin hogar. Él comprendió:

«El renacimiento ha terminado;
el viaje espiritual se ha completado;
lo que había que hacer se ha hecho;
no hay retorno a ningún estado de existencia.»

Y el Venerable Bhāradvāja se convirtió en uno de los perfeccionados.

2

EL ABUSADOR

En cierta ocasión, el Buda moraba cerca de Rājagaha, en la Arboleda de Bambú, lugar de alimentación de las ardillas. El brahmán Bharadvāja el Rudo oyó un rumor que venía a decir:

«¡Un brahmán del clan Bharadvāja ha salido de la vida laica para quedarse sin hogar en presencia del asceta Gautama!»

Enfadado y disgustado, se dirigió al Buda y lo maltrató e insultó con palabras groseras y ásperas. Cuando hubo hablado, el Buda le dijo:

—*¿Qué te parece, brahmán? ¿Aún vienen a visitarte amigos y colegas, parientes y familiares, e invitados?*

—*A veces lo hacen, maestro Gautama.*

[El Buda respondió:]

—*¿Les sirves entonces una variedad de alimentos y sabrosos manjares?*

[El brahmán Bharadvāja respondió:]

—*A veces lo hago.*

[El Buda insistió:]

—*Pero si no lo aceptan, brahmán, ¿a quién pertenece?*

[Bharadvāja respondió:]

—*En ese caso sigue perteneciéndome a mí.*

[El Buda respondió:]

—*Del mismo modo, brahmán, cuando abusas, acosas y atacas a quienes no abusamos, acosamos y atacamos, no lo aceptamos. Sigue perteneciéndote, brahmán, ¡sigue perteneciéndote! Alguien que, cuando es abusado, acosado y atacado, abusa, acosa y ataca a su vez, se dice que come la comida y tiene una reacción a ella. Pero nosotros ni comemos tu comida ni tenemos una reacción a ella. Sigue perteneciéndote, brahmán, ¡sigue perteneciéndote!*

[El brahmán Bharadvāja le dijo:]

—*El rey y su séquito creen que el maestro Gautama es un ser perfeccionado. Y, sin embargo, todavía se enfada.*

[El Buda respondió:]

—*Para uno sin ira, domado, viviendo simplemente, liberado por el conocimiento correcto, en paz, sereno: ¿de dónde vendría la ira? Cuando te enfadas con una persona enfadada sólo consigues empeorar las cosas para ti mismo.*

Cuando no te enfadas con una persona enfadada ganas una batalla difícil de ganar.

Cuando sabes que el otro está enfadado, actúas por tu bien y el del otro, si eres consciente y mantienes la calma.

La gente no experta en la enseñanza considera como un tonto a quien se cura tanto a sí mismo como al otro.

Cuando hubo hablado, Bhāradvāja el Rudo dijo al Buda:

—*¡Excelente, Maestro Gautama! Vengo en busca de refugio al Maestro Gautama, a la enseñanza y a la Saṅgha mendicante. Señor, ¿puedo recibir la salida a la vida sin hogar, la ordenación en presencia de Buda?*

Y el brahmán Bhāradvāja el Rudo recibió la salida a la vida sin hogar, la ordenación en presencia de Buda.

No mucho después de su ordenación, el Venerable Bhāradvāja el Rudo, viviendo solo, retraído, diligente, entusiasta y resuelto, pronto realizó el fin supremo del camino espiritual en esta misma vida.

Vivió habiendo alcanzado con su propia perspicacia la meta por la que las personas de buenas familias salen con razón de la vida laica a la vida sin hogar. Él comprendió:

«*El renacimiento ha terminado; el viaje espiritual se ha completado; lo que había que hacer se ha hecho; no hay retorno a ningún estado de existencia.*»

Y el Venerable Bhāradvāja se convirtió en uno de los perfeccionados.

3

CON BHARADVĀJA EL DEMONIO

En cierta ocasión, el Buda moraba cerca de Rājagaha, en la Arboleda de Bambú, lugar de alimentación de las ardillas. El brahmán Bharadvāja el Demonio oyó un rumor que venía a decir:

«¡Un brahmán del clan Bharadvāja ha salido de la vida laica para quedarse sin hogar en presencia del asceta Gautama!»

Enfadado y disgustado, se dirigió al Buda y lo maltrató e insultó con palabras groseras y ásperas. Pero cuando dijo esto, el Buda guardó silencio. Entonces Bharadvāja el Demonio le dijo al Buda:

—*¡Estás derrotado, asceta, estás derrotado!*

[El Buda respondió:]

—*"¡Ja! ¡He ganado!" piensa el necio,*
cuando habla con palabras duras.
La paciencia es la verdadera victoria para los que comprenden.
Cuando te enfadas con una persona enfadada
sólo consigues empeorar las cosas para ti mismo.
Cuando no te enfadas con una persona enfadada,

ganas una batalla difícil de ganar.
Cuando sabes que el otro está enfadado,
actúas por el bien de ambos,
de uno mismo y del otro,
si eres consciente y mantienes la calma.
La gente no experta en el Dhamma
considera un tonto a quien se cura tanto a sí mismo como al otro.

Cuando hubo hablado, Bharadvāja el Demonio dijo al Buda:

—*¡Excelente, Maestro Gautama!*

Y el Venerable Bhāradvāja se convirtió en uno de los perfeccionados.

4

CON BHĀRADVĀJA EL AMARGADO

En cierta ocasión, el Buda moraba cerca de Rājagaha, en la Arboleda de Bambú, lugar de alimentación de las ardillas. El brahmán Bharadvāja el Amargo oyó un rumor que venía a decir:

«¡Un brahmán del clan Bharadvāja ha salido de la vida laica para quedarse sin hogar en presencia del asceta Gautama!»

Enfadado y disgustado, se dirigió al Buda y se quedó en silencio a un lado. Entonces el Buda, sabiendo lo que Bhāradvāja el Amargado estaba pensando, se dirigió a él en verso:

«Quien agravia a un hombre que no ha hecho ningún mal, un hombre puro con un historial intachable, el mal se vuelve contra el necio, como polvo fino lanzado contra el viento.»

Cuando dijo esto, el brahmán Bhāradvāja el Amargo le dijo al Buda:

—*¡Excelente, Maestro Gautama!*

Y el Venerable Bhāradvāja se convirtió en uno de los perfeccionados.

5

INOFENSIVO

Ocurrió en Sāvatthī. En cierta ocasión el brahmán Bhāradvāja el Inofensivo se acercó al Buda, e intercambió saludos con él. Cuando terminaron los saludos y la conversación cortés, se sentó a un lado y dijo al Buda:

—*¡Soy inofensivo, ¡Maestro Gautama, soy inofensivo!*

[El Buda respondió:]

—*Si realmente fueras como lo que significa tu sobrenombre, entonces serías inofensivo. Pero una persona verdaderamente inofensiva no hace daño ni con el cuerpo, ni con la palabra, ni con la mente; no daña a nadie más.*

Cuando hubo hablado, el brahmán Bhāradvāja el Inofensivo dijo al Buda:

—*¡Excelente, Maestro Gautama!*

Y el Venerable Bhāradvāja el Inofensivo se convirtió en uno de los perfeccionados.

6

CON BHĀRADVĀJA DE
LOS CABELLOS ENMARAÑADOS

Ocurrió en Sāvatthī. En cierta ocasión el brahmán Bhāradvāja del Pelo Enredado se acercó al Buda, e intercambió saludos con él. Cuando terminaron los saludos y la conversación cortés, se sentó a un lado, y se dirigió al Buda en verso:

—*Pelo enmarañado por dentro, pelo enmarañado por fuera:*
esta gente está enredada en cabellos enmarañados.
Te pregunto esto, Gautama:
¿quién puede desenredar esta masa enmarañada?

[El Buda respondió:]

—*Un sabio cimentado en la ética,*
desarrollando la mente y la sabiduría,
un monje perspicaz y autodisciplinado,
puede desenredar esta masa enmarañada.

Para aquellos que han desechado la codicia, el odio y la ignorancia
—los perfeccionados con las impurezas extinguidas—
la maraña ha sido desenredada.

Donde el nombre y la forma
cesan sin que quede nada
y el impacto y la percepción de la forma:
es allí donde se corta la maraña.

Cuando hubo hablado, Bhāradvāja del Pelo Enredado dijo al Buda:

—*¡Excelente, Maestro Gautama!*

Y el Venerable Bhāradvāja se convirtió en uno de los perfeccionados.

7

CON BHĀRADVĀJA EL PURO

Ocurrió en Sāvatthī. Entonces el brahmán Bhāradvāja el Puro se acercó al Buda, e intercambió saludos con él. Cuando terminaron los saludos y la conversación cortés, se sentó a un lado, y recitó este verso en su presencia:

«*Ningún brahmán del mundo está jamás purificado aunque sea ético y se mortifique. Pero uno consumado en conocimiento y conducta se purifica, no estos plebeyos.*»

[El Buda respondió:]

—*Incluso quien murmura muchas invocaciones no es brahmán de nacimiento si son sucios y corruptos por dentro, manteniéndose mediante el fraude.*

Sin importar si eres un aristócrata, un brahmán, comerciante, trabajador, o un paria o carroñero, si eres enérgico y resuelto, siempre esforzándote, alcanzarás la mayor felicidad. Tenlo por cierto, brahmán.

Cuando hubo hablado, el brahmán Bhāradvāja el Puro dijo al Buda:

—*Excelente, Maestro Gautama.*

Y el Venerable Bhāradvāja se convirtió en uno de los perfeccionados.

8

CON BHĀRADVĀJA EL ADORADOR DEL FUEGO

En cierta ocasión, el Buda moraba cerca de Rājagaha, en la Arboleda de Bambú, lugar de alimentación de las ardillas. En ese momento se había preparado ghee[10] y arroz con leche para el brahmán Bhāradvāja, el Adorador del Fuego, que pensó:

«¡Ofreceré la llama sagrada! ¡Voy a realizar el sacrificio del fuego!»

Entonces el Buda se vistió por la mañana y, tomando su cuenco y su túnica, entró en Rājagaha para pedir limosna. Vagando en busca de limosna para consumirla *in situ* en Rājagaha, se acercó

---

10 El ghee es un tipo de mantequilla clarificada que se obtiene al hervir mantequilla común y retirar los sólidos lácteos, dejando solo la grasa purificada. En el contexto del budismo primitivo y la India antigua, el ghee era considerado uno de los alimentos más puros y preciados, usado frecuentemente en rituales religiosos y ofrendas. En este sutta, se menciona que el brahmán Bhāradvāja había preparado "ghee y arroz con leche" para realizar una ofrenda ritual del fuego. Este detalle es significativo porque muestra la importancia del ghee en los rituales védicos, donde se consideraba una sustancia sagrada apta para las ofrendas a los dioses.

La presencia del ghee en este sutta también sirve para ilustrar el contraste entre las prácticas rituales brahmánicas, que enfatizaban las ofrendas materiales, y la enseñanza budista, que enfatizaba la transformación interior y la pureza ética por encima de los rituales externos. Esta distinción se hace evidente cuando el Buda rechaza la ofrenda, explicando que los Budas no aceptan alimentos "encantados por hechizos".

a la casa de Bhāradvāja el Adorador del Fuego y se puso a un lado. Bhāradvāja el Adorador del Fuego lo vio de pie pidiendo limosna y se dirigió a él en verso:

—*Aquel que es consumado en los tres conocimientos, de buen linaje y amplio aprendizaje, consumado en el conocimiento y la conducta puede disfrutar de este arroz con leche.*

[El Buda respondió:]

—*Incluso quien murmura muchas invocaciones no es brahmán de nacimiento si son sucios y corruptos por dentro, con seguidores ganados por fraude.*

Pero aquel que conoce sus vidas pasadas, y ve el cielo y los lugares de pérdida, y ha alcanzado el final del renacimiento, ese sabio tiene una visión perfecta.

Debido a estos tres conocimientos un brahmán es un maestro de los tres conocimientos. Realizado el conocimiento y conducta, puede disfrutar de este arroz con leche.

[El brahmán Bhāradvāja respondió:]

—*¡Come, Maestro Gautama! Eres verdaderamente un brahmán.*

[El Buda respondió:]

—*La comida encantada por un hechizo*
no es apta para que yo la coma.
Ese no es el camino de los que ven, brahmán.
Los Budas rechazan las cosas encantadas con hechizos.
Puesto que la naturaleza es real, brahmán, así es como viven.

Sirve con otros alimentos y bebidas al consumado, el gran vidente,
con las impurezas extinguidas y el remordimiento acallado.
Pues él es el campo para el buscador del mérito.

Cuando hubo hablado, el brahmán Bhāradvāja el Adorador del Fuego dijo al Buda:

—*¡Excelente, Maestro Gautama!*

Y el Venerable Bhāradvāja el Adorador del Fuego se convirtió en uno de los perfeccionados.

9

CON BHĀRADVĀJA DE SUNDARIKA

En cierta ocasión, Buda se encontraba en las tierras de Kosala, a orillas del río Sundarika. Ahora bien, en ese momento el brahmán Bhāradvāja de Sundarika estaba ofreciendo la llama sagrada y realizando el sacrificio de fuego en la orilla del río Sundarika. Entonces miró alrededor en las cuatro direcciones, preguntándose:

«Ahora, ¿quién podría comer las sobras de esta ofrenda?»

Vio al Buda meditando junto a la raíz de cierto árbol con la túnica echada sobre la cabeza.
Tomando las sobras de la ofrenda en su mano izquierda y una jarra en la derecha, se acercó al Buda. Cuando oyó los pasos de Sundarika, el Buda se descubrió la cabeza. Sundarika pensó,

«¡Este hombre está afeitado, está afeitado!»

Y quiso dar media vuelta. Pero pensó:

«Incluso algunos brahmanes están afeitados.
¿Por qué no me acerco a él y le pregunto por su nacimiento?»

92

Entonces Sundarika, el brahmán, se acercó al Buda y le dijo:

—*Señor, ¿en qué casta naciste?*

[El Buda respondió:]

—*No preguntes por el nacimiento, pregunta por la conducta.*
Porque cualquier madera puede generar fuego.
Un sabio firme, aunque provenga de una familia de clase baja,
es un pura sangre controlado por la conciencia.

Domado por la verdad, realizado por el entrenamiento mental,
un maestro de conocimiento completo
que ha completado el viaje espiritual
es a quien alguien que ofrece sacrificios debe presentarse,
y hacer una ofrenda oportuna
a alguien digno del don de un maestro.

[Sundarika, respondió:]

—*¡Mi ofrenda de sacrificio debe haber sido bien realizada,*
ya que he conocido a semejante maestro de conocimiento!
Es porque nunca había conocido a nadie como tú
por lo que otros se comieron la ofrenda sobrante.
Come, maestro Gautama, eres verdaderamente un brahmán.

[El Buda respondió:]

—*La comida encantada por un hechizo*
no es apta para que yo la coma.
Ese no es el camino de los que ven, brahmán.
Los Budas rechazan las cosas encantadas con hechizos.
Puesto que la naturaleza es real, brahmán, así es como viven.

Sirve con otros alimentos y bebidas
al consumado, al gran vidente,
con las impurezas extinguidas y el remordimiento aquietado.
Pues él es el campo para el buscador del mérito.

[Sundarika, preguntó:]

—*Entonces, Maestro Gautama,*
¿a quién debo dar las sobras de esta ofrenda?

[El Buda respondió:]

—*Brahmán, no veo a nadie en este mundo*
–*con sus dioses, Māras y Brahmās,*
esta población con sus ascetas y brahmanes,
sus dioses y humanos–
que pueda digerir adecuadamente estas sobras,
excepto el Realizado o uno de sus discípulos.
Pues bien, brahmán, arroja esas sobras donde haya poco que crezca,
o échalas al agua que no tiene criaturas vivas.

Así que Sundarika dejó caer las sobras de la ofrenda en agua que no tenía criaturas vivas. Y cuando esas sobras se echaron al agua, chisporrotearon y silbaron, humeantes y humeantes. Supongamos que hubiera un caldero de hierro que se hubiera calentado todo el día. Si lo metieras en el agua, chisporrotearía y silbaría, humeante y humeante. De la misma manera, cuando esas sobras se metían en el agua, chisporroteaban y silbaban, humeantes y humeantes.

Entonces Sundarika, el brahmán, asombrado y estupefacto, se acercó al Buda y se colocó a un lado. El Buda se dirigió a él en verso:

—*Cuando enciendas la leña, brahmán,*
no imagines que esto es pureza, pues es sólo algo externo.
Los expertos dicen que quienes desean la pureza
a través de lo externo no la encontrarán.

He renunciado a encender leña, brahmin,
ahora sólo enciendo la llama interior.
Siempre ardiendo, siempre inmerso,
soy un perfeccionado viviendo la vida espiritual.

La presunción, brahmán, es la carga de tus posesiones,
la ira tu humo y la mentira tus cenizas.
La lengua es el cucharón y el corazón el altar de fuego;
un yo bien domado es la luz de una persona.

La enseñanza es un lago con orillas de ética, brahmán, sin nubes,
alabado por lo fino a lo bueno.
Allí van a bañarse los maestros del conocimiento,
y cruzan a la orilla lejana sin mojarse.

Verdad, principio, moderación, la vida espiritual;
el logro de lo supremo basado en el medio, brahmán.
Rinde homenaje a los rectos:
declaro que ese hombre es el que sigue la enseñanza.

Cuando hubo hablado, el brahmán Bhāradvāja de Sundarika dijo al Buda:

—*Excelente, Maestro Gautama.*

Y el venerable Bhāradvāja se convirtió en uno de los perfeccionados.

10

MUCHAS HIJAS

En cierta ocasión, Buda se encontraba en la tierra de los Kosala, en un bosquecillo. Por aquel entonces, uno de los brahmanes del clan Bhāradvāja había perdido catorce bueyes. Mientras los buscaba se dirigió a aquel bosque, donde vio al Buda sentado con las piernas cruzadas, el cuerpo erguido y la atención establecida allí mismo. Se acercó al Buda y recitó estos versos en su presencia:

A este asceta no le deben faltar catorce bueyes
desde hace seis días:
por eso este asceta es feliz.

Este asceta no debe tener un campo de sésamo arruinado
con solo una o dos hojas:
por eso este asceta es feliz.

Este asceta no debe tener ratas
en un granero vacío bailando alegremente:
por eso este asceta es feliz.

Este asceta no debe tener alfombras
que durante siete meses han estado infestadas de pulgas:
por eso este asceta es feliz.

Este asceta no debe tener
siete hijas viudas con uno o dos hijos cada una:
por eso este asceta es feliz.

Este asceta no debe tener una esposa
con la piel manchada y llena de viruelas
que lo despierte con una patada:
por eso este asceta es feliz.

Este asceta no debe tener acreedores
llamando a la puerta al amanecer,
advirtiendo: "¡Paga! ¡Paga!":
por eso este asceta es feliz.

[El Buda respondió:]

Tienes razón, brahmán, no tengo catorce bueyes
 desaparecidos desde hace seis días:
por eso soy feliz, brahmán.

Tienes razón, brahmán,
no tengo un campo de sésamo arruinado
con sólo una o dos hojas:
por eso soy feliz, brahmin.

Tienes razón, brahmán,
no tengo ratas en un granero vacío
bailando alegremente:
por eso soy feliz, brahmán.

Tienes razón, brahmán,
no tengo alfombras que durante siete meses

han estado infestadas de pulgas:
por eso soy feliz, brahmán.

Tienes razón, brahmán,
no tengo siete hijas viudas
con uno o dos hijos cada una:
por eso soy feliz, brahmán.

Tienes razón, brahmán,
no tengo una esposa con la piel manchada y llena de viruelas
que me despierte con una patada:
por eso soy feliz, brahmán.

Tienes razón, brahmán,
no tengo acreedores que llamen a la puerta al amanecer,
advirtiendo: "¡Paga! ¡Paga!":
por eso soy feliz, brahmán.

Cuando hubo hablado, el brahmán dijo al Buda:

—*¡Excelente, Maestro Gautama! ¡Excelente! Como si estuviera*
enderezando lo volcado, o revelando lo oculto, o señalando el
camino a los perdidos, o encendiendo una lámpara en la oscuri-
dad para que la gente con buenos ojos pueda ver lo que hay allí, el
Maestro Gotama ha aclarado la enseñanza de muchas maneras.
Acudo en busca de refugio al Maestro Gautama, a la enseñanza y
a la mendicante Saṅgha. Señor, ¿puedo recibir la salida a la vida
sin hogar, la ordenación en presencia de Buda?

Y el brahmán recibió la salida a la vida sin hogar, la ordenación
en presencia de Buda. No mucho después de su ordenación, el
Venerable Bhāradvāja, viviendo solo, retraído, diligente, entusiasta y resuelto, pronto comprendió el fin supremo del camino

espiritual en esta misma vida. Vivió habiendo alcanzado con su propia sabiduría la meta por la que las personas de buenas familias salen con razón de la vida laica a la vida sin hogar. Él comprendió:

«El renacimiento ha terminado; el viaje espiritual se ha completado; lo que había que hacer se ha hecho; no hay retorno a ningún estado de existencia.»

Y el Venerable Bhāradvāja se convirtió en uno de los perfeccionados.

SEGUNDO CAPÍTULO

SEGUIDORES LAICOS

11

CON BHĀRADVĀJA EL GRANJERO

Así lo he oído. En cierta ocasión, el Buda se encontraba en la tierra de los Magadhans, en las Colinas del Sur, cerca de la aldea brahmánica de Ekanāla. En aquel momento, el brahmán Bhāradvāja el Granjero había enganchado unos quinientos arados, pues era la estación de la siembra. Entonces el Buda se vistió por la mañana y, tomando su cuenco y su túnica, fue a donde Bhāradvāja el Granjero estaba trabajando.

En ese momento Bhāradvāja el Granjero estaba distribuyendo comida. Entonces el Buda fue al lugar donde se estaba llevando a cabo la distribución y se puso a un lado. Bhāradvāja el Granjero le vio de pie pidiendo limosna y le dijo:

—*Yo aro y siembro, asceta, y luego como. Tú también deberías arar y sembrar, y luego podrás comer.*

[El Buda respondió:]

—*Yo también aro y siembro, brahmán, y luego como.*

[Bhāradvāja el Granjero respondió:]

—*No veo al Maestro Gautama con un yugo o un arado*
o una reja de arar o una cabriola o bueyes, y sin embargo dice:
«Yo también aro y siembro, brahmán, y luego como.»

Entonces Bhāradvāja el Granjero se dirigió al Buda en verso:

—*Dices ser granjero, pero no veo tu arado.*
Si eres granjero, declárame:
¿cómo hemos de entender tu labranza?

[El Buda respondió:]

—*La fe es mi semilla,*
la austeridad mi lluvia,
y la sabiduría es mi yugo y mi arado.
La conciencia es mi pértiga,
la mente mi correa,
la atención mi reja de arar y mi aguijón.

Protegido en cuerpo y palabra,
restrinjo mi ingesta de alimentos.
Uso la verdad como mi guadaña,
y la dulzura es mi liberación.

La energía es mi bestia de carga,
que me transporta a un lugar de santuario.
Va sin volver atrás donde no hay pena.

Así es como se hace la labranza
que tiene como fruto la Inmortalidad.
Cuando terminas esta labranza
te liberas de todo sufrimiento.

[Bhāradvāja el Granjero respondió:]

—*Come, Maestro Gautama, eres verdaderamente un agricultor. Porque el Maestro Gautama hace la agricultura que tiene como fruto lo Inmortal.*

[El Buda respondió:]

—*La comida encantada por un hechizo*
no es apta para que yo la coma.
Ese no es el camino de los que ven, brahmán.
Los Budas rechazan las cosas encantadas con hechizos.
Puesto que la naturaleza es real, brahmán, así es como viven.

Sirve con otros alimentos y bebidas al consumado, al gran vidente,
con las impurezas terminadas y el remordimiento aquietado.
Pues él es el campo para el buscador del mérito.

Cuando hubo hablado, el brahmán Bhāradvāja el Granjero dijo al Buda:

—*Excelente, Maestro Gautama. A partir de hoy, que el Maestro Gautama me recuerde como un seguidor laico que ha ido en busca de refugio para toda la vida.*

12

CON UDAYA

Ocurrió en Sāvatthī. Entonces el Buda se vistió por la mañana y, tomando su cuenco y su túnica, fue a casa del brahmán Udaya. Entonces Udaya llenó de arroz el cuenco del Buda. Al día siguiente y al otro, Udaya llenó de arroz el cuenco del Buda. Pero cuando hubo llenado el cuenco del Buda por tercera vez, le dijo al Buda:

—*¡Este asceta insaciable Gautama sigue volviendo una y otra vez!*

[El Buda respondió:]

—*Una y otra vez siembran la semilla;*
una y otra vez el dios del cielo envía la lluvia;
una y otra vez los agricultores aran el campo;
una y otra vez se produce grano para la nación.

Una y otra vez los mendigos piden;
una y otra vez los donantes dan.
Una y otra vez, cuando los donantes han dado,
una y otra vez van a su lugar en el cielo.

Una y otra vez, los lecheros ordeñan;
una y otra vez, un ternero se aferra a su madre;
una y otra vez, oprimiendo e intimidando,
un idiota renace una y otra vez.

Una y otra vez, renace y muere;
una y otra vez, es llevado a un estercolero.
Pero cuando se gana el camino para no renacer más,
uno de vasta sabiduría no renace una y otra vez.

Cuando hubo hablado, el brahmán Udaya dijo al Buda:

—*Excelente, Maestro Gautama. A partir de hoy, que el Maestro Gautama me recuerde como un seguidor laico que ha ido en busca de refugio para toda la vida.*

13

CON DEVAHITA

Ocurrió en Sāvatthī. En aquel tiempo el Buda estaba afligido por los vientos. El venerable Upavāna era su cuidador. Entonces el Buda le dijo a Upavāna:

—*Por favor, Upavāna, búscame agua caliente.*

—*Sí, Señor* —respondió Upavāna.

Se vistió y, tomando su cuenco y su túnica, se dirigió a la casa del brahmán Devahita, y se quedó en silencio a un lado. Devahita lo vio allí de pie y se dirigió a él en verso:

—*Silencioso está el maestro, afeitado, envuelto en su túnica exterior. ¿Qué quieres? ¿Qué buscas? ¿Qué has venido a pedir?*

[Upavāna respondió:]

—*El perfeccionado, el Santo en el mundo,*
el sabio está afligido por los vientos.
Si hay agua caliente, dásela al sabio, brahmán.
Deseo llevársela a aquel que es estimado por los estimables,
honrado por los honorables,
venerado por los venerables.

Entonces Devahita hizo que un hombre trajera un palo con agua caliente. También obsequió a Upavāna con un tarro de melaza. Entonces el venerable Upavāna se acercó al Buda y lo bañó con el agua caliente. Luego mezcló la melaza con el agua caliente y se la presentó al Buda. Entonces la enfermedad del Buda remitió.

Entonces el brahmán Devahita se acercó al Buda e intercambió saludos con él. Cuando terminaron los saludos y la conversación cortés, se sentó a un lado y se dirigió al Buda en verso:

—*¿Dónde hay que dar un regalo del que uno disponga?*
¿Dónde es muy fructífero un regalo?
¿Cómo puede quien dona asegurar el éxito de su ofrenda al maestro?

[El Buda respondió:]

—*Aquel que conoce sus vidas pasadas,*
y ve el cielo y los lugares de pérdida,
y ha alcanzado el final del renacimiento,
ese sabio tiene una perspicacia perfecta.
Así debes dar un regalo del que dispongas;
lo que das así es muy fructífero.
Así es como un patrocinador de sacrificios
asegura el éxito de la ofrenda a su maestro.

Cuando hubo hablado, el brahmán Devahita dijo al Buda:

—*Excelente, Maestro Gautama. A partir de hoy, que el Maestro Gautama me recuerde como un seguidor laico que ha ido a buscar refugio de por vida.*

14

UN BRAHMÁN ACOMODADO

En una ocasión en Sāvatthī cierto brahmán acomodado, desaliñado, que llevaba una capa raída, se acercó al Buda e intercambió saludos con él. Cuando terminaron los saludos y la conversación cortés, se sentó a un lado. El Buda le dijo:

—*Brahmán, ¿por qué estás tan andrajoso, llevando una capa andrajosa?*

[El Brahmán respondió:]

—*Maestro Gautama, tengo cuatro hijos. Por orden de sus esposas me expulsaron de mi casa.*

[El Buda respondió:]

—*Pues bien, brahmán, memoriza estos versos y recítalos a tus hijos cuando estéis todos sentados en la sala del consejo con una gran multitud:*

«*Me alegré mucho cuando nacieron, y deseé para ellos lo mejor. Pero, por orden de sus esposas, me echaron, como sabuesos tras los cerdos.*

Resulta que son malvados, esos hombres repugnantes,
aunque me llamaban su querido viejo papá.
Son monstruos en forma de hijos, que me echan cuando envejezco.

Como un viejo e inútil caballo alejado de su forraje,
el anciano padre de esos niños pide limosna en casas ajenas.

Incluso mi bastón es mejor que esos hijos desobedientes,
pues ahuyenta a un toro salvaje, e incluso a un perro salvaje.

Va delante de mí en la oscuridad; en aguas profundas me sostiene.
Por el maravilloso poder de este bastón, cuando tropiezo,
vuelvo a mantenerme firme.»

Habiendo memorizado esos versos en presencia del Buda, el brahmán se los recitó a sus hijos cuando todos estaban sentados en la sala del consejo con una gran multitud.

Entonces los hijos del brahmán lo llevaron de vuelta a casa, lo bañaron y cada uno de ellos lo vistió con un buen par de ropas. Entonces el brahmán, cogiendo un par de vestidos, se dirigió al Buda y le saludó. Cuando terminaron los saludos y la conversación cortés, se sentó a un lado y dijo al Buda:

—*Maestro Gautama, nosotros los brahmanes buscamos un honorario para nuestro maestro. Que el sabio Gautama acepte estos honorarios como mi maestro.*

El Buda lo aceptó por compasión. Entonces el brahmán acomodado dijo al Buda:

—*Excelente, Maestro Gautama. A partir de hoy, que el Maestro Gautama me recuerde como un seguidor laico que ha ido a buscar refugio de por vida.*

15

ENGREÍDO

En una ocasión había un brahmán llamado Engreído que residía en Sāvatthī. Él no se inclinó ante su madre o padre, su maestro, o su hermano mayor para rendirles homenaje. Ahora bien, en aquel momento el Buda estaba enseñando el Dhamma, rodeado de una gran asamblea. Entonces Engreído pensó:

«El asceta Gautama está enseñando el Dhamma, rodeado de una gran asamblea. ¿Por qué no me acerco a él? Si me habla, le hablaré. Pero si él no habla, tampoco lo haré yo.»

Entonces el brahmán Engreído se acercó al Buda, y se quedó en silencio a un lado. Pero el Buda no le habló. Entonces Engreído pensó:

«¡Este asceta Gautama no sabe nada!»

Y quiso irse de allí inmediatamente. Entonces el Buda, sabiendo lo que pensaba Engreído, se dirigió a él en verso:

—No es bueno fomentar el engreimiento
si quieres lo que es bueno para ti, brahmán.
Deberías fomentar la meta que te trajo aquí.

Entonces Engreído pensó:

«¡El asceta Gautama conoce mi mente!»

Inclinó la cabeza hacia los pies de Buda, acariciándolos y cubriéndolos de besos, y pronunció su nombre:

—*¡Maestro Gautama, yo soy Engreído! ¡Soy Engreído!*

Entonces aquella asamblea se quedó atónita:

«¡Es increíble, es increíble! Este brahmán Engreído no hace reverencias ni a su madre ni a su padre, ni a su maestro, ni a su hermano mayor. Sin embargo, ¡muestra una devoción tan extrema hacia el asceta Gautama!»

Entonces el Buda le dijo al brahmán Engreído:

—*Basta, brahmán. Levántate y toma asiento.*
Pues tu mente tiene confianza en mí.

Entonces Engreído tomó asiento y dijo al Buda:

—*¿Con respecto a quién no se debe ser engreído?*
¿A quién debes respetar?
¿A quién debes estimar?
¿A quién conviene venerar debidamente?

[El Buda respondió:]

—*A tu madre y a tu padre, y también a tu hermano mayor,*
con el maestro como cuarto.
Con respecto a ellos no debes ser engreído.

A ellos es a quienes debes respetar.
A ellos es a quienes debes estimar.
Y es a ellos a quienes conviene venerar debidamente.

Y cuando hayas humillado el engreimiento, y no seas engreído,
muestra reverencia suprema por los perfeccionados, desapegados,
cuyas tareas han sido completadas y son libres de impurezas.

Cuando hubo hablado, el brahmán Engreído dijo al Buda:

—*Excelente, Maestro Gautama.*
A partir de hoy, que el Maestro Gautama
me recuerde como un seguidor laico
que ha ido a buscar refugio de por vida.

16

EL CONTRAFILO

Hace tiempo residía en Sāvatthī un brahmán llamado Contrafilo, que amaba polemizar y contradecir. Entonces Contrafilo pensó:

«*¿Por qué no voy al asceta Gautama y contradigo todo lo que dice?*»

En aquel momento el Buda paseaba meditando al aire libre. Entonces el brahmán Contrafilo se acercó al Buda, y le dijo mientras caminaba meditando:

—*Asceta, predica el Dhamma.*

[El Buda respondió:]

—*Las bellas palabras no son fáciles de entender*
por un amante de la contradicción,
cuya mente está contaminada y llena de agresividad.
Pero cuando hayas disipado la agresión,
así como tu mente desconfiada,
y te hayas librado del resentimiento,
entonces entenderás las buenas palabras.

Cuando hubo hablado, el brahmán Contrafilo dijo al Buda:

—*¡Excelente, Maestro Gautama! ¡Excelente!*
A partir de hoy, que el Maestro Gautama
me recuerde como un seguidor laico
que ha ido a buscar refugio de por vida.

17

EL CONSTRUCTOR

En cierta ocasión, Buda se encontraba en la tierra de los kosalas, en un bosquecillo. Ahora bien, en aquel momento el brahmán Bhāradvāja el Constructor estaba haciendo algunos trabajos de construcción en aquella espesura selvática. Vio al Buda sentado con las piernas cruzadas junto a la raíz de cierto salar, con el cuerpo erguido y la atención establecida allí mismo. Al verlo, se le ocurrió:

Disfruto haciendo este trabajo de construcción aquí en la selva.
Me pregunto qué disfruta haciendo el asceta Gautama.

Entonces Bhāradvāja el Constructor se acercó al Buda y se dirigió a él en verso:

—*¿Qué clase de trabajo haces como mendicante en la selva de la sal?*
Cómo encuentras el disfrute a solas en la jungla, Gautama?

[El Buda respondió:]

—*No necesito hacer nada en la selva;*
mi selva está cortada de raíz, se ha marchitado.
Con la selva limpia y libre de espinas,

disfruto estando solo en la jungla,
habiendo renunciado al descontento.

Cuando hubo hablado, el brahmán Bhāradvāja el Constructor
dijo al Buda:

—*Excelente, Maestro Gautama.*
A partir de hoy, que el Maestro Gautama
me recuerde como un seguidor laico
que ha ido a buscar refugio de por vida.

18

RECOGIENDO LEÑA

En cierta ocasión, el Buda se encontraba en la tierra de los kosalas, en un bosquecillo. Entonces varios jóvenes, estudiantes de un brahmán llamado Bhāradvāja, se acercaron a un bosquecillo mientras recogían leña. Vieron al Buda sentado con las piernas cruzadas en la raíz de cierto árbol de sal, con el cuerpo erguido y la atención establecida allí mismo. Al ver esto, se acercaron a Bhāradvāja y le dijeron:

—*Por favor, señor, debería saber esto. En tal y tal arboleda del bosque el asceta Gautama está sentado con las piernas cruzadas, con el cuerpo recto y atención plena, establecido allí mismo.*

Entonces Bhāradvāja, junto con esos estudiantes, fue a ese bosquecillo donde vio al Buda sentado con las piernas cruzadas, con el cuerpo erguido en atención plena, establecido allí mismo. Se acercó al Buda y se dirigió a él en verso:

—*En lo profundo de la jungla tan llena de terrores,*
te has sumergido en el desierto vacío y desolado.
Quieto, firme y grácil:
¡qué hermosamente meditas, mendicante!

Donde no hay canción ni música,
un sabio solitario recurre al desierto.
Esto me parece algo asombroso,
que habites tan alegremente solo en la jungla.

Supongo que deseas renacer en compañía
del soberano supremo del cielo de los Tres.[11]
¿Es por eso que recurres a la desolada jungla,
para practicar austeridades para alcanzar a Brahmā?

[El Buda respondió:]

—Todos los deseos y esperanzas
que siempre están apegados a los muchos y diversos reinos
–los anhelos surgidos de la raíz del desconocimiento–
los he eliminado todos hasta la raíz.

Así que estoy libre de deseos, desapegado, desligado;
veo claramente todas las cosas.
He alcanzado lo dichoso, el supremo despertar;
medito solo, brahmán, y seguro de mí mismo.

---

11 Esta es una referencia a Sakka (también conocido como Indra), el gobernante del cielo de los Treinta y Tres (Tāvatiṃsa) según la cosmología budista. El cielo de los Treinta y Tres es uno de los reinos celestiales del plano sensorial (kāmaloka), situado en la cima del Monte Meru según la cosmología tradicional budista. La referencia del brahmán refleja la creencia común en la India antigua de que las prácticas ascéticas y meditativas tenían como objetivo el renacimiento en reinos celestiales. Sin embargo, es significativo que el Buda rechaza esta suposición en su respuesta, explicando que su práctica no está orientada a ningún tipo de renacimiento, sino a la liberación completa. Esta respuesta ilustra una diferencia fundamental entre los objetivos de las prácticas ascéticas tradicionales (que buscaban estados celestiales) y el objetivo budista de la liberación total del ciclo de renacimientos. La mención del "soberano supremo del cielo de los Tres" en este contexto sirve para resaltar el contraste entre las aspiraciones mundanas o celestiales y la meta última del Dhamma según la enseña el Buda.

Cuando hubo hablado, Bhāradvāja dijo al Buda:

—*¡Excelente, Maestro Gautama! ¡Excelente!*
A partir de hoy, que el Maestro Gautama
me recuerde como un seguidor laico
que ha ido a buscar refugio de por vida.

19

EL BRAHMÁN QUE MANTUVO A SU MADRE

Una vez en Sāvatthī, un brahmán que mantenía a su madre se acercó al Buda e intercambió saludos con él. Cuando terminaron los saludos y la conversación cortés, se sentó a un lado y dijo al Buda:

—*Maestro Gautama, busco limosna por medios legítimos, que utilizo para mantener a mi madre y a mi padre. Al hacerlo, ¿estoy cumpliendo con mi deber?*

[El Buda respondió:]

—*En efecto, brahmán, al hacerlo estás cumpliendo con tu deber.*
Quien busca limosna por medios legítimos,
y la utiliza para mantener a su madre y a su padre,
genera mucho mérito.

Un mortal mantiene a su madre y a su padre por medios legítimos;
a causa de cuidar así de sus padres,
son alabados en esta vida por los sabios,
y partirán para regocijarse en el cielo.

Cuando dijo esto, el brahmán que mantenía a su madre dijo al Buda:

—*¡Excelente, Maestro Gautama! ¡Excelente!*
A partir de hoy, que el Maestro Gautama
me recuerde como un seguidor laico
que ha ido en busca de refugio para toda la vida.

20

UN MENDIGO

Una vez en Sāvatthī, un brahmán mendigo se acercó al Buda e intercambió saludos con él. Cuando terminaron los saludos y la conversación cortés, se sentó a un lado y dijo al Buda:

—*Maestro Gautama, tanto tú como yo somos mendigos.*
¿Cuál es, entonces, la diferencia entre nosotros?

[El Buda respondió:]

—*Uno no se convierte en mendigo*
por el mero hecho de pedir limosna a los demás.
Alguien que ha aceptado responsabilidades domésticas
aún no se ha convertido en mendigo.

Pero alguien que vive una vida espiritual
que ha rehuido tanto el bien como el mal,
habiendo considerado, que viven en este mundo:
ése es el que se llama mendicante.

Cuando hubo hablado, el brahmán mendicante dijo al Buda:

—¡Excelente, Maestro Gautama! ¡Excelente!
A partir de hoy, que el Maestro Gautama
me recuerde como un seguidor laico
que ha ido a buscar refugio de por vida.

21

CON SAṄGĀRAVA

En un tiempo, había un brahmán llamado Saṅgārava que moraba en Sāvatthī. Practicaba y creía en la purificación por el agua. Vivía comprometido con la práctica de sumergirse en el agua al amanecer y al anochecer. Entonces el Venerable Ānanda se vestía por la mañana y, tomando su cuenco y su túnica, entraba en Sāvatthī para pedir limosna. Vagó en busca de limosna por Sāvatthī. Después de comer, a su regreso de la ronda de limosnas, se dirigió al Buda, se inclinó, se sentó a un lado y le dijo:

—*Señor, hay un brahmán llamado Saṅgārava que vive en Sāvatthī. Practica la purificación por el agua, creyendo en la purificación por el agua. Vive comprometido con la práctica de sumergirse en el agua al amanecer y al atardecer. Por favor, visítale en su casa por compasión.*

El Buda consintió en silencio.

Entonces el Buda se vistió por la mañana y, tomando su cuenco y su túnica, fue a casa del brahmán Saṅgārava, y se sentó en el asiento extendido. Entonces el brahmán Saṅgārava se acercó al Buda, e intercambió saludos con él. Cuando terminaron los saludos y la conversación cortés, se sentó a un lado. El Buda le dijo:

—*¿Es realmente cierto, brahmán,*
que practicas la purificación por el agua,
que crees en la purificación por el agua;
que vives comprometido con la práctica
de sumergirte en el agua al amanecer y al anochecer?

[El brahmán Saṅgārava respondió:]

—*Sí, Maestro Gautama.*

[El Buda respondió:]

—*Pero brahmán, ¿por qué razón practicas la purificación por*
el agua?

—*Es porque, Maestro Gautama, cualquier mala acción que haya*
hecho durante el día la lavo bañándome al atardecer; y cualquier
mala acción que haya hecho durante la noche, la lavo bañándome
al amanecer. Por eso practico la purificación con agua.

[El Buda respondió:]

—*La enseñanza es un lago con orillas de ética, brahmán,*
sin nubes, alabado por lo fino a lo bueno.
Allí los maestros del conocimiento van a bañarse
y cruzan a la orilla lejana sin mojarse.

Cuando hubo hablado, Saṅgārava dijo al Buda:

—*¡Excelente, maestro Gautama! ¡Excelente!*
A partir de hoy, que el Maestro Gautama
me recuerde como un seguidor laico
que ha ido a buscar refugio de por vida.

22

EN KHOMADUSSA

Así lo he oído. En cierta ocasión, el Buda se encontraba en la tierra de los Sakyas, donde tienen una ciudad llamada Khomadussa. Entonces el Bienaventurado se vistió por la mañana y, tomando su cuenco y su túnica, entró en Khomadussa para pedir limosna. En aquel momento, los brahmanes y los dueños de casa de Khomadussa estaban reunidos en la sala del consejo para tratar algunos asuntos, mientras caía una suave llovizna. Entonces el Buda se acercó al consejo. Los brahmanes y los amos de casa vieron al Buda que se alejaba y dijeron:

—*¿Quiénes son estos afeitados, estos falsos ascetas?*
¿Es que no entienden las reglas del consejo?

Entonces el Buda se dirigió en verso a los brahmanes y amos de casa de Khomadussa:

—*Si la gente buena no está presente*
no es un verdadero consejo;
y aquellos que hablan en contra de los principios
no son buenas personas.
Habiendo renunciado a la codicia, el odio y el engaño,
los que hablan de principios son buenas personas.

Cuando hubo hablado, los brahmanes y los dueños de casa de Khomadussa dijeron al Buda:

—*¡Excelente, Maestro Gautama! ¡Excelente!*
Como si estuviera enderezando lo volcado,
o revelando lo oculto,
o señalando el camino a los perdidos,
o encendiendo una lámpara en la oscuridad
para que la gente con buenos ojos pueda ver lo que hay,
el Maestro Gautama
ha aclarado la enseñanza de muchas maneras.
Acudimos en busca de refugio al Maestro Gautama,
a la enseñanza y a la mendicante Saṅgha.
A partir de hoy, que el Maestro Gautama
nos recuerde como seguidores laicos
que han ido en busca de refugio de por vida.

LOS DISCURSOS ENLAZADOS
CON LOS BRAHMANES HAN CONCLUIDO

ÍNDICE

BRĀHMAṆA SAṂYUTTA

El libro budista de los Brahmas y los brahmanes
compuesto con tipos Montserrat
en créditos y portadillas, y DGP
en el resto de las tripas,
maquetado bajo el cuidado de Daniel Vera,
habiéndose encargado de la revisión
ortotipográfica y la corrección de galeradas
los traductores y con la conformidad
de Raúl Alonso como editor
de mesa de la obra,
se terminó de imprimir
el 7 de enero de 2025.
Ese mismo día de 1610 Galileo Galilei
observó cuatro de las lunas de Júpiter a través
de su telescopio, por lo que serían bautizadas
como las lunas galileanas.

LAUS DEO